W0313452

comment je résiste

GABRIELA

Rom de France

Catherine Monnot
en conversation avec

GABRIELA
Rom de France

ÉDITIONS
le vent se lève !

SOMMAIRE

PRÉFACE

Dans un contexte de crise économique majeure où chacun est suspecté de contribuer, à sa manière, au déséquilibre social global, et à celui d'un système de santé en particulier, les migrants, dont la communauté rom en France, paient un lourd tribut. Certains acteurs politiques au pouvoir, et ce quelle que soit l'alternance, n'hésitent pas à malmener des minorités, même lorsqu'elles sont issues de l'immigration européenne, pour réaffirmer la légitimité d'un état de droit en difficultés. Ainsi, les mesures restrictives en matière d'immigration, de sécurité et d'accès aux soins (expulsions répétées de lieux de vie sans alternatives de relogement, complexité et barrières administratives…) sont autant de déterminants politiques et sociaux qui aggravent les conditions d'existence de ce public. Elles révèlent de fait une tension forte entre enjeux de santé publique et politique sécuritaire qui illustre souvent l'incohérence de politiques gouvernementales.

De plus, ces démarches entretiennent, voire induisent, l'expression de mythes et autres stéréotypes culturalistes péjoratifs : phénomène d'appel d'air et fraudes en masse, refus du travail, désir de vivre dans des bidonvilles insalubres, rapport aux soins et à l'hygiène négligés.... Le combat des associations et autres acteurs consistent alors à améliorer les conditions de vie, d'accueil et d'accès aux droits de ces personnes, tout en luttant contre des représentations négatives au service d'agendas politiques irresponsables ou d'idéologies de nature xénophobe.

L'ouvrage de Catherine Monnot s'inscrit parfaitement dans cette logique de déconstruction bienveillante en s'appuyant sur des témoignages de la vie réelle d'individus confrontés aux circonstances quotidiennes et universelles de l'existence. Son travail est un outil rare pour contribuer à la déstigmatisation d'une population négligée en France et dans le reste de l'Europe.

Aujourd'hui, les étrangers doivent faire face aux stratégies violentes de la politique migratoire. De manière déterminée, celles-ci visent à les dissuader de rester sur le territoire français, quitte à mettre en danger leur vie et à stigmatiser davantage certaines communautés, et cela au plus grand mépris des principes de santé publique et des droits humains fondamentaux.

En effet, les expulsions de familles Roms de leurs lieux de vie sans solution de relogement se poursuivent, engendrant une exacerbation de la peur toujours alimentée par des intimidations répétées et des procédures irrégulières de renvoi vers les pays d'origine. Le climat instauré entraîne toujours de fait des retards, des ruptures voire une absence de recours à la prévention et aux soins. On observe aussi la relégation des populations dans des lieux de plus en plus insalubres, à distance de points d'eau potable où il est plus difficile pour les soignants de leur venir en aide. Ces pratiquent se produisent alors que les dispositifs d'hébergement d'urgence et de logement plus pérennes sont saturés et inadaptés à la diversité des besoins (familles avec enfants en bas âge, malades...)

Dans un rapport récent sur les principaux freins à l'amélioration de la situation sanitaire et sociale de migrants citoyens européens précaires, l'observatoire régional de santé Île-de-France notait un accès au marché du travail très limité freinant les processus d'insertion pour une population sans possibilité d'ancrage résidentiel stable. Il relevait aussi l'existence d'un système socio-sanitaire montrant des limites face à l'accès aux soins des populations en situation de grande exclusion et une méconnaissance des populations concernées favorisant les approches culturalistes à l'origine de pratiques médicales parfois discriminatoires.

En matière de santé individuelle et de santé publique, l'accès aux droits et aux soins des migrants, en situation régulière ou pas, est une nécessité. Pourtant, les détracteurs de tels droits avancent l'hypothèse d'un risque d'afflux massif de migrants en vue d'une utilisation excessive du système de soin français, avec à terme la mise en péril global du dispositif. Les débats sur la couverture santé des sans-papiers pauvres appelée aussi aide médicale d'État (AME) nous le rappellent régulièrement. Cependant, les données d'études récentes montrent que la nature de la migration tient pour la grande majorité des cas à des raisons économiques et sécuritaires, et pour une minorité à des raisons médicales (moins de 10 % des personnes savent qu'elles sont affectées de certaines pathologies chroniques comme le VIH ou les hépatites, au moment de leur entrée en Europe).

Par ailleurs, l'AME, est soumise à de nombreuses conditions cumulatives, principalement la nécessité de vivre en France de façon permanente et habituelle depuis au moins trois mois et d'avoir un revenu inférieur à 634 euros par mois, étant entendu le devoir de justifier de son identité et de toutes les autres conditions requises. Les rapports d'activités de l'association Médecins du Monde (MdMm) en France montrent que plus de 98 % des patients de ses projets (90 % d'étrangers) vivent sous le seuil de pauvreté et donc dans une logique de survie, loin des préoccupations de chirurgie esthétique et de fécondations *in vitro* comme ont pu l'évoquer certains pourfendeurs du dispositif. De plus, 80 % des patients n'ont aucune couverture maladie alors qu'ils y ont droit. Enfin on observe un retard de recours aux soins dans 40 % des cas. Un rapport conjoint de l'Inspection générale des Finances et de l'Inspection générale des Affaires sociales, « Analyse de l'évolution des dépenses au titre de l'aide médicale d'État » montre aussi que les fraudes à l'AME restent rares et ne sont pas suffisamment significatives pour expliquer l'augmentation des coûts. De fait, faciliter l'accès aux soins des migrants ne rime donc pas avec appel d'air et fraudes massives.

Le retard de recours au soin est une réalité corroborée par des indicateurs de santé particulièrement alarmants. Ce sont 45 % des personnes vues en consultation par MdM qui nécessitent un suivi médical de plus de six mois, les couvertures vaccinales, même pour les antigènes les plus classiques, évoluent entre 40 et 60 %, avec parfois moins de 10 % sur certains terrains d'intervention. Moins d'une femme enceinte sur deux bénéficie d'un suivi complet de sa grossesse, ce sont parfois moins de 10 % qui utilisent des moyens de contraception dans certaines régions. Pour faire face à cette situation sanitaire alarmante, des dispositifs innovants tels que la médiation sociale doivent être développés.

La médiation sociale est définie comme « un processus de création et de réparation du lien social et de règlement des conflits de la vie quotidienne, dans lequel un tiers impartial et indépendant tente, à travers l'organisation d'échanges entre les personnes ou les institutions, de les aider à améliorer une relation ou de régler un conflit qui les oppose ». La médiation sanitaire a plusieurs objectifs : ouvrir des espaces pour faciliter la communication, contribuer, en situation conflictuelle, à l'explication des enjeux, permettre une compréhension mutuelle, enfin donner la possibilité aux personnes concernées d'exercer leurs responsabilités.

Cette fonction de médiateur existe déjà dans d'autres pays d'Europe et la France devra rapidement les intégrer dans ses dispositifs à plus large échelle. Après des expérimentations concluantes dans plusieurs villes en 2012, un programme national soutenu par la Direction générale de la santé est en place mais le nombre de médiateurs reste largement insuffisant au regard des besoins. Car, on l'aura compris, l'intérêt de ces acteurs va bien au-delà des aspects médico-sociaux dont peuvent bénéficier les patients. Ce lien ainsi constitué facilite les échanges, érode les incompréhensions et de fait atténut les stéréotypes sanitaires culturalistes sources de discrimination.

Par ailleurs, pour contribuer à lutter davantage contre la stigmatisation des populations vivant en bidonville, il faut renforcer les connaissances épidémiologiques des personnes en situation de précarité en évitant le piège de *l'ethnicisasion* statistique. Par ailleurs, la simplification de l'accès aux droits, notamment l'AME, doit être réaffirmée en limitant les démarches administratives complexes tout en favorisant les actions « d'aller vers » du droit commun (actions mobiles de terrain, maraudes, au plus près des personnes). Enfin, il faut faire appliquer le volet « prévention » de la circulaire du 26 août 2012 qui rappellt la nécessité d'effectuer un diagnostic sanitaire et social des besoins sur un campement afin d'envisager des solutions alternatives avant tout démantèlement.

Jean-François Corty

Directeur des missions France
Médecins du monde

REMERCIEMENTS

Mes remerciements vont à Catherine Heurteux pour avoir cru en cette improbable rencontre, à Gwenaël Berranger pour m'avoir entrouvert la porte de ce monde-là, à Christian Lichiardopol pour son travail de traduction et son engagement quotidien sur le terrain.

Et bien sûr à Gabriela et toute sa famille, pour leur accueil et leur ouverture.

Ce livre est dédié à Joachim et Mario. Le meilleur pour vous deux...

AVANT-PROPOS

Le témoignage de Gabriela, sous forme de conversation, est le fruit d'une vingtaine d'entretiens enregistrés par Catherine Monnot au campement de la Flambère à Toulouse, entre juin et décembre 2015, et traduits du roumain par Christian Lichiardopol.

À travers Gabriela, l'anthropologue et auteure Catherine Monnot a souhaité donner la parole à la communauté rom de Roumanie vivant en France, si souvent objet de discours de la part du monde politique comme de la rue, et pourtant si rarement invitée à s'exprimer elle-même.

Dans un climat social et politique tendu et stigmatisant, voire ouvertement discriminant, la démarche de l'entretien recueilli, semaine après semaine, au sein de l'espace familier de Gabriela, visait donc à délivrer de façon libre et bienveillante la parole du vécu, du quotidien et de l'intime.

Grâce à ce travail fondé sur la patience et la confiance réciproques, Gabriela éclaire de son humanité et de sa sensibilité la brûlante « question rom ». En tant que Tsigane roumaine fraîchement arrivée en

France et vivant dans l'un des campements insalubres de l'agglomération toulousaine, elle explique notamment le parcours atypique et pourtant si cruellement universel d'une épouse, mère et grand-mère presque comme les autres, qui se bat chaque jour, loin des stéréotypes et avec le sourire, pour la survie et l'avenir de sa famille.

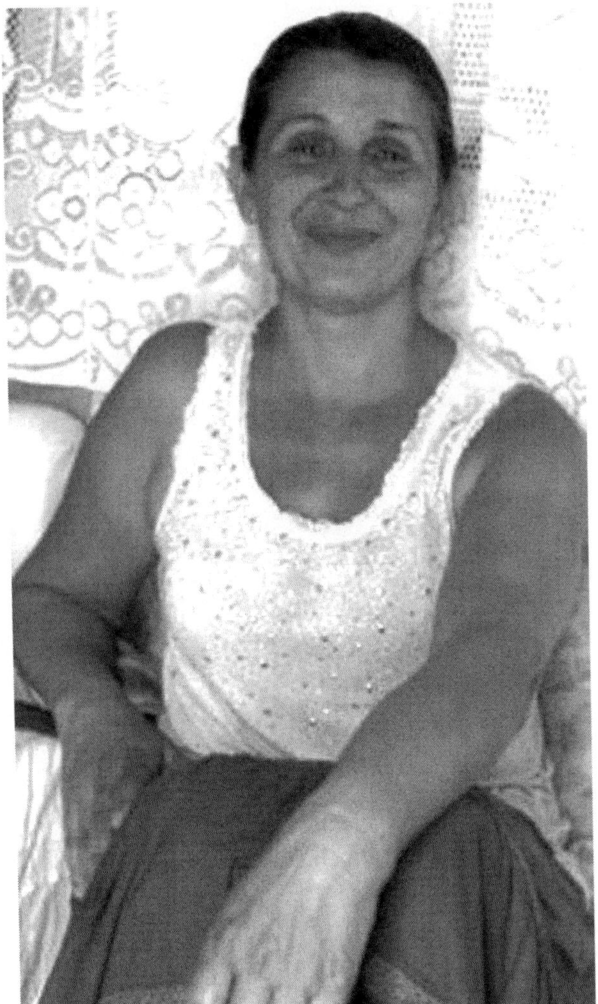

Gabriela, en 2014

I.

DE CHEZ MA GRAND-MÈRE À L'ORPHELINAT

Catherine Monnot :

Gabriela, peux-tu te présenter, et me raconter d'où tu viens ?

Gabriela :

Je m'appelle Gabriela Cantia Ciausu, je suis roumaine et tsigane, « rom » comme on dit parfois aujourd'hui. J'ai 44 ans et je vis en France depuis trois ans, ici, sur le campement de la Flambère à Toulouse, avec mon mari Beri et à côté de nos trois enfants. Il y a notre fille aînée Raluca qui a 28 ans, et son mari Roger, puis Robert avec sa femme Lavinia et nos trois petits-enfants, et puis enfin notre plus jeune fils Adi, qui a 18 ans, et qui aujourd'hui est séparé de sa femme.

Je suis née en Roumanie, dans un tout petit village en bordure de forêt, dans le comté de Iasi, à la frontière avec la Moldavie. Mes parents s'appelaient Domitru et Profira, et j'ai été leur seul enfant. Lui était très grand et costaud, noir de peau, et ma mère, eh bien, il suffit de me regarder pour la voir. Elle était juste plus brune et un peu plus petite, avec un très beau visage.

Quand j'étais toute petite, nous vivions chez mes grands-parents maternels, à Raducaneni. Mon grand-père était un Tsigane de Bessarabie[1], et ma grand-mère une Tsigane roumanisée. Ensemble ils ont eu cinq filles et quatre garçons qu'ils ont élevés à la façon des Roumains, sans parler le tsigane, comme ma grand-mère avait été élevée quand elle était petite. Mon père, lui, était ouvrier agricole, un Tsigane roumanisé lui aussi, comme ma mère.

1 - Ancienne région de l'Empire russe, située sur l'actuelle Moldavie, à la frontière nord-est de la Roumanie.

Carte de la Roumanie

* *Raducaneni : ville où vit la grand-mère de Gabriela.*

** *Constanta : ville où travaille la mère de Gabriela.*

*** *Bucium : orphelinat où est envoyée Gabriela.*

**** *Manasia : village des beaux–parents de Gabriela, où elle part vivre après son mariage.*

Quelle est la différence entre les Tsiganes roumanisés et les autres ?

Les Tsiganes roumanisés sont vraiment comme les Roumains : ils parlent comme eux, s'habillent comme eux, mangent comme eux. Mais tous les Tsiganes se reconnaissent quand même entre eux parce qu'ils se connaissent, ils savent que la grand-mère ou le grand-père de l'un ou de l'autre était tsigane. Donc la personne est considérée comme un ou une tsigane. Pour les gens de l'extérieur, ceux qu'ils ne connaissent pas, ça dépend de la couleur de la peau : ceux qui sont très bruns, mats de peau, vont être reconnus comme des Tsiganes. Mais ceux qui ont la peau claire, jolie, et qui sont blonds, on va plutôt penser qu'ils sont roumains. Il n'y a pas de noms de famille typiques pour se distinguer, mais il y a d'autres signes. Par exemple, les Roumains portent souvent des vêtements plus élégants, et même chez les Tsiganes roumanisés qui parlent le roumain à la maison, il y a des mots particuliers que seuls les Tsiganes utilisent et qui permettent de les reconnaître et de se reconnaître entre eux.

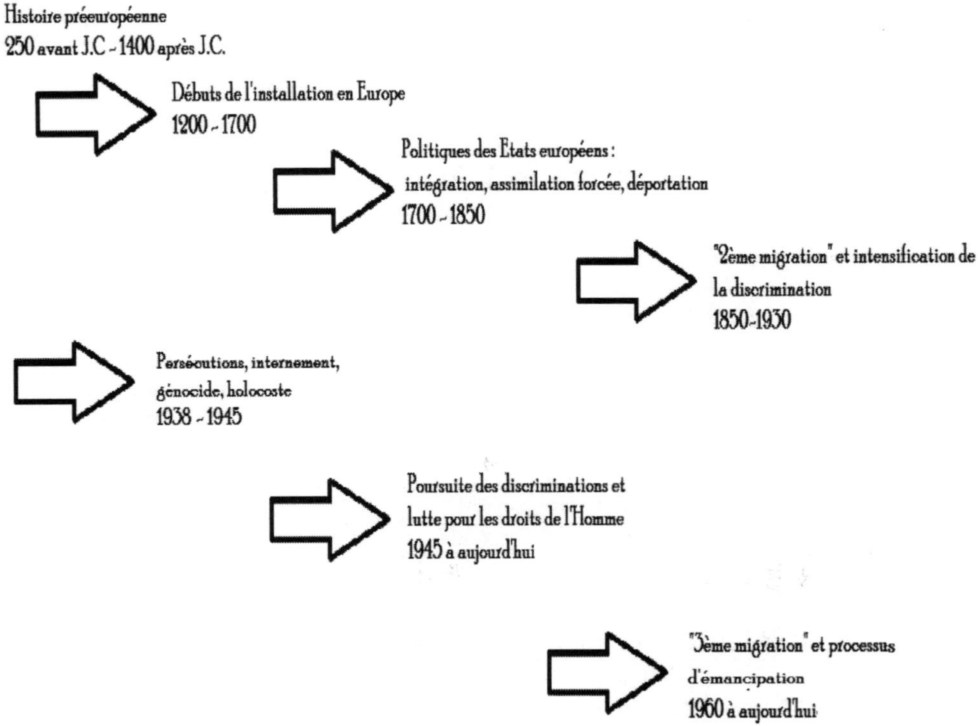

Frise chronologique de l'histoire des Tsiganes en Europe

Histoire succincte des Roms et des Tsiganes[2]

L'origine indienne des Tsiganes et leur « marche vers l'Europe », à travers l'Empire byzantin, sont des faits incontestés, surtout en raison des preuves linguistiques.

Du XVe au XVIIe siècle, l'histoire des Roms est marquée par les premières discriminations dans l'Empire ottoman et en Europe centrale : servage et esclavage en Wallachie et en Moldavie, marginalisation et persécution en Europe de l'Ouest. Dans le royaume de France, en 1539, François Ier condamne au bannissement plusieurs centaines de « bohémiens ». En 1647, le roi Louis XV envoie des Tsiganes aux galères. La déclaration de 1682 donne ordre d'attacher « aux chaînes des galères » tous les « romanichels » errants.

Au XVIIIe siècle, l'« âge des Lumières » illumine l'histoire européenne, mais les Roms sont exposés à de « nouvelles méthodes » de discrimination : assimilation forcée dans l'Empire austro-hongrois, internement en Espagne où, en 1749, une grande rafle permit la capture de 12 000 « Gitans ». En Angleterre, on pendait un « Gypsy » aux portes des villes pour dissuader les troupes nomades de s'installer aux abords des cités ; on organisait des « chasses aux Gypsies » comme on chassait le gibier et on en exposait les trophées.

Plus tard, en 1802, au Pays basque, plus de 500 « bohémiens », hommes, femmes et enfants, sont raflés et déportés en Louisiane par la France. Les Gitans y furent alors interdits de séjour. En 1845, deux cents familles d'esclaves tsiganes sont vendues à la France pour être déportées aux Caraïbes. Seule la Russie, à cette époque, traite les Tsiganes comme des sujets égaux.

2 - Cf. sources documentaires en annexe.

Pendant la seconde moitié du XIXe siècle, un deuxième mouvement migratoire se produit : des groupes roms du centre et du sud-est de l'Europe en partent, sans hésiter dans certains cas à traverser des mers.

Le génocide nazi correspond à l'apogée d'une attitude séculaire de persécution envers les Roms. Pendant la guerre 1939-1945, parfois avec l'aide des gouvernements et des populations, les rafles de « Tsiganes et Voyageurs » de toute l'Europe eurent pour conséquence la déportation et l'extermination de plus de 500 000 à 700 000 d'entre eux dans les camps de la mort nazis. Les expériences médicales conduites par le Dr Mengele ont accentué l'horreur et l'humiliation que les Tsiganes durent subir : stérilisation, mutilation, etc. Ce fut un des plus grands ethnocides de notre siècle.

Après la Seconde Guerre mondiale, les Roms ayant survécu aux camps de concentration se voient refuser toute aide ou réparation et, pour nombre d'entre eux, la reconnaissance officielle, en 1982, du génocide, appelé « Samudaripen » ou « Porajmos » en romani, viendra trop tard. Les Roms restent marginalisés dans la société européenne. Cette situation provoque finalement l'auto-organisation de communautés roms, en vue d'une émancipation, et leur lutte pour les droits de l'homme au niveau international.

La migration récente des Roms, d'est en ouest de l'Europe, débute dans le cadre des premiers mouvements de travailleurs migrants et s'intensifie avec l'effondrement de l'Union soviétique et de ses pays satellites. Les conflits armés se multiplient et frappent les Roms à plusieurs titres : victimes de la guerre, ils forment un groupe ethnique marginalisé dont les membres se voient reconnaître uniquement, et pas toujours, le statut de « réfugiés économiques » dans les pays de destination.

Petite, vous viviez chez ta grand-mère maternelle ?

Oui, mais les choses se sont dégradées rapidement entre mes parents... Mon père était violent et il est parti quand j'ai eu 5 ans. Il nous a vraiment abandonnées, et moi ça m'a beaucoup marquée. Et puis je ne l'ai plus revu pendant des années. Rapidement je n'ai quasiment plus vu ma mère non plus parce qu'elle a été obligée de trouver du travail très loin de chez nous et qu'elle m'a laissée à ma grand-mère. Elle est partie à Constanta, dans une exploitation agricole sur les bords de la mer Noire, où elle s'est mariée avec un Roumain qui la battait énormément, comme ça arrive souvent en Roumanie...

Finalement, tu dirais que c'est ta grand-mère qui t'a élevée ?

Oui, c'est sûr, mais elle commençait à être malade, alors je faisais tout pour l'aider. C'est comme ça qu'elle m'a appris toutes les choses de la maison, tout ce que les filles doivent apprendre à faire. Elle m'a montré comment faire à manger, où aller chercher du bois, des champignons, aller dans le jardin chercher des haricots, des tomates. Elle m'a montré comment m'occuper du feu, comment couper les oignons, les haricots, comment faire fondre la graisse dans la poêle. Elle m'a appris à me laver et à m'occuper de moi, à faire la lessive, choisir les bons vêtements, à bien faire sécher le linge sur le fil, le plier comme il faut, et bien le ranger dans l'armoire, sans tout mélanger. Elle m'a aussi appris à me comporter convenablement avec les gens, à être polie. Elle m'a expliqué qu'il fallait faire attention aux garçons, parce que j'avais déjà dix ans, j'étais déjà un peu grande, alors elle me disait de ne pas aller avec n'importe qui. Elle m'a tellement appris ! Elle a été comme ma mère... Elle m'a aussi enseigné les prières, la religion, les plats qu'on prépare pour les enterrements ou pour Noël et le Nouvel

An. Parce que chez nous on est orthodoxes, alors on respecte les fêtes religieuses, et à cette époque-là, la vie à l'église était importante.

À quoi ressemblait la vie quotidienne ? Et de quoi viviez-vous sans ta mère ni ton père à la maison ?

Il y avait beaucoup de bons moments, mais c'est sûr qu'on n'avait vraiment pas grand-chose, la vie était assez misérable. Il n'y avait que ma grand-mère, moi et le fils d'un de mes oncles, un petit garçon, et on n'avait aucun revenu, à part l'argent qu'envoyait ma mère. Et cet argent, il passait surtout dans mes affaires d'école. Donc certains jours on avait à manger, et d'autres non. Souvent, le matin, je partais à l'école sans rien avaler. Alors on se nourrissait avec ce qu'on trouvait. L'été, dans le potager, on avait des concombres, des tomates, des haricots verts. Certaines fois, je partais avec mon oncle pêcher à la rivière, et on ramenait nos poissons. Et puis aussi on ramassait quelques légumes en passant au bord des champs et on les ramenait à la maison. Dans ces cas-là, ma grand-mère n'était pas très contente, elle nous disait :

— *« Ce n'est pas bien de faire ça, vous ne pouvez pas voler le travail des autres ! »*

Mais nous on voulait bien faire, et il fallait bien manger. Et elle, une fois qu'on avait ramené les légumes, même si elle nous faisait la morale, elle finissait toujours par les cuisiner pour ne pas les perdre. D'autres fois, on allait dans les vergers, on ramassait des cerises et on les vendait à des revendeurs des marchés. Comme ça on se faisait dix *lei*[3] pour la journée. Avec cet argent on s'achetait du lait, de la margarine, on se faisait plaisir. Au printemps, si on n'avait pas à manger,

3 - Leu (sing.), Lei (plur.) : unité monétaire roumaine.

on allait ramasser des orties dans les champs et on les cuisinait. Il y avait aussi le « petit blé » qui poussait dans les prés. Sinon, ma grand-mère m'envoyait mendier avec une de mes tantes, qui avait beaucoup d'enfants. Parce que, quand on n'avait vraiment rien à manger, il fallait bien trouver de l'argent quelque part…

Mais en fait, dans l'ensemble, même si ça peut paraître bizarre, la vie était agréable. Ma grand-mère nous donnait tout ce qu'elle avait, tout le monde s'occupait de moi, je travaillais bien à l'école, je jouais avec mes cousins ou j'allais regarder la télé chez eux après les devoirs. Bien sûr, nous on n'avait pas la télé puisqu'il n'y avait pas l'électricité à la maison, mais on avait un petit poste radio à piles qu'on mettait sur une étagère pour l'écouter. Il y avait des histoires, de la musique… Et puis je lisais beaucoup aussi, Jules Verne, Ion Creanga, qui est un conteur roumain célèbre chez nous, et beaucoup d'autres dont j'empruntais les livres à la bibliothèque de l'école. Finalement, je trouve que cette enfance-là a été douce, même si on était très pauvres et que mes parents me manquaient.

Et ça a été comme ça jusqu'à mes 11 ans, quand ma grand-mère est devenue trop malade pour s'occuper de moi.

Que s'est-il passé à ce moment-là, quand ta grand-mère n'a plus pu te prendre en charge?

Eh bien mes tantes ont commencé à parler de l'orphelinat, pour éviter que je doive suivre ma mère et mon beau-père à l'autre bout du pays. C'était un vrai orphelinat, avec à l'intérieur une école qui allait de la classe 1 à la classe 4, c'est-à-dire du C.P. au C.M.1. Après la classe 4, on vivait toujours là mais on allait à l'école de la ville. Comme il n'y avait que ma mère d'inscrite sur mon livret de famille, elle est allée là-bas en disant que je n'avais plus qu'elle, mais qu'elle ne pouvait plus s'occuper de moi parce qu'elle devait travailler. En voyant ma situation, ils ont accepté de me garder. Et donc un matin, on m'a réveillée et on m'a dit que c'était le jour du départ pour l'orphelinat de Bucium.

C'était en 1982, j'avais 11 ans et j'allais entrer dans la classe 5. Je me souviens parfaitement de mon arrivée : c'était un grand bâtiment de quatre étages, avec des fenêtres grillagées et un gardien de sécurité à la porte, comme une prison. Et puis quand il a fallu que ma mère parte, j'ai beaucoup pleuré. Je lui ai dit qu'elle allait beaucoup me manquer, que jamais plus je ne sortirais de là. Et elle est partie. Et après ça, je ne l'ai plus revue pendant 5 mois. Aucune nouvelle. Pas de téléphone, pas de lettre, rien du tout. Et comme j'étais encore trop jeune pour sortir librement le week-end, pendant 5 mois, ma vie ça n'a été que l'école et l'orphelinat.

Tu te souviens de tes premiers jours à l'orphelinat ?

Le jour de mon arrivée, ça n'a pas juste été difficile, ça a été encore plus dur que ça. Imagine, 600 ou 700 enfants regroupés au même endroit, je n'avais jamais connu ça, et je n'en connaissais aucun… Je ne comprenais rien, j'étais complètement perdue. Je ne savais pas où je devais aller, ce que je devais faire, je ne connaissais pas les horaires ni les gens, absolument rien. Finalement, je me suis raccrochée à ma classe, et on est allées au réfectoire. Et là, ça a été indicible, indescriptible : une grande salle de douze mètres de long pleine de tables et d'enfants, des petites filles avec les cheveux très courts, qui m'avaient toutes l'air sauvages, qui parlaient très fort et avec un drôle de ton dans la voix. Elles ne m'ont pas eu l'air civilisées du tout.

C'était vraiment un monde que je ne connaissais pas, et j'avais peur.

Le premier soir, j'étais dans un dortoir où on était douze filles, six d'un côté et six de l'autre. Certaines qui étaient là depuis la naissance et d'autres comme moi qui étaient arrivées plus tard. Il y en avait une qui était là parce que son père avait tué sa mère. Elle s'appelait Héléna, « Nutz » comme je l'appelais, c'était ma voisine de lit et elle est devenue ma grande amie pendant toutes ces années. Elle était arrivée en classe 3, à 9 ans, alors avec elle c'était un peu plus facile de parler, parce qu'elle était plus civilisée que les autres qui étaient arrivées là avec le biberon encore dans la bouche et n'avaient jamais rien connu d'autre. Celles-là, généralement, étaient vraiment méchantes : elles nous volaient et nous frappaient à la première occasion, surtout les nouvelles.

Donc ce premier soir, on est allées se coucher, et j'ai passé ma première nuit à pleurer. Il y avait des filles qui venaient me poser des questions. Mais la plupart étaient blondes, alors que moi j'étais brune et mate de peau, donc certaines me criaient :

— *« Tsigane, corbeau, Tsigane, corbeau ! »*

Alors je me suis cachée sous les couvertures, en pleurant, et je me suis endormie comme ça. Le lendemain, les femmes de ménage nous ont réveillées très tôt, à 6 heures, et elles nous ont emmenées pour faire notre toilette dans la salle d'eau, où on se lavait le visage et les aisselles à l'eau froide avant d'aller au réfectoire et à l'école.

Qui s'occupait de vous à l'orphelinat, quels adultes étaient chargés de vous élever ?

Il y avait les enseignants, les gens de la cantine et de l'entretien, mais il y avait surtout une éducatrice qui était responsable de ma classe, madame Popa. C'était ma « mère », c'est-à-dire que c'était son titre, sa fonction. C'était une femme très bien, qui s'occupait bien de nous, gentille et sévère comme une mère qui veut t'apprendre les choses de la vie. Le matin, on allait à l'école de l'orphelinat, ensuite on allait manger et on rentrait dans la classe de l'orphelinat vers 14 heures pour faire nos devoirs. À partir de là, jusqu'à 18 heures, c'était elle qui était responsable de nous et qui nous surveillait, quatre heures par jour. Elle nous apprenait des chansons, elle nous racontait des histoires, et on pouvait lui parler de nos problèmes. C'était vraiment quelqu'un de bon. Par exemple, quand elle voyait qu'on sortait en cachette un peu de nourriture de la cantine pour notre goûter, elle nous grondait un peu, elle nous rappelait le règlement, mais elle nous laissait faire parce qu'elle savait qu'on avait faim et elle avait pitié de nous.

Comment ça, « elle savait qu'on avait faim » ?

Eh bien, quand même, les enfants avaient faim là-bas. Il y avait le minimum, mais certains avaient vraiment faim. Au début par exemple, je ne comprenais pas pourquoi, quand je mangeais une pomme, des enfants venaient me trouver pour me dire :

— *« Je m'abonne à toi. »*

Ça voulait dire qu'ils viendraient chercher mon trognon de pomme quand j'aurais terminé. Je ne comprenais pas, et je me disais que ça devait être la famine pour que des enfants me demandent mes restes. Il n'y avait pas assez, tout simplement. Le matin, on avait du thé avec deux tranches de pain et de la margarine, et parfois un œuf au plat. Après ça, on allait à l'école et on voyait les autres enfants, ceux de la ville, qui amenaient de quoi manger dans la matinée, alors que nous on n'avait rien, on avait faim et il fallait attendre jusqu'à 13 heures. Et le soir c'était des macaronis avec un peu de fromage et du sucre, comme on mange en Roumanie. Et ça je n'aimais vraiment pas, parce que ceux-là n'étaient pas bons, mais on n'avait que ça et une tasse de thé.

Les orphelinats en Roumanie [4]

Nicolae Ceausescu est persuadé qu'un État fort est un État peuplé. Il décide de mettre en place une politique nataliste forcenée en exigeant cinq enfants par famille. Entre 1966 et 1970, il promulgue une série de lois dans ce sens : les femmes de plus de 26 ans sans enfant doivent payer un impôt spécial ; le divorce pour les parents d'enfants de moins de seize ans est presque impossible ; la contraception et l'avortement sont interdits et sont passibles d'une peine allant jusqu'à la prison ferme ; les médecins qui pratiquent l'avortement peuvent aller en prison et encourent la peine de mort s'ils récidivent... Dix mille Roumaines meurent des suites de leur avortement clandestin durant cette période.

Les conditions de vie étant précaires, les familles trop pauvres pour garder leurs enfants les abandonnent dans l'un des 600 orphelinats construits. En 1989, près de 170 000 enfants sont répartis dans ces institutions ; les conditions de vie et d'hygiène y sont le plus souvent déplorables.

En 1990, après la chute de Ceausescu, les États-Unis et l'Europe occidentale dénoncent ce fléau et lancent un appel en faveur des « enfants oubliés de Roumanie ». De nombreuses O.N.G. vont mettre en place des aides humanitaires en direction de ces institutions, sans contrôle. De 1990 à 2001, plus de trente mille adoptions internationales sont enregistrées ; toutefois, comme des trafics d'enfants voient le jour, le gouvernement roumain et la Commission européenne réduisent de manière drastique les conditions d'adoption.

Aujourd'hui, près de dix mille enfants sont encore abandonnés chaque année à cause des conditions de vie très difficiles en Roumanie.

4 -Cf. sources en annexe.

Orphelins
de Roumanie

Logo de l'AFOR, association des orphelins de Roumanie, créée en septembre 2015
site internet : www.orphelinsderoumanie.org

Et pour le reste, l'orphelinat vous donnait ce dont vous aviez besoin ? Parce qu'en France on a une image très négative des orphelinats de l'époque de Ceausescu…

Le matériel scolaire était fourni par notre « mère », madame Popa : les cahiers, les stylos, les vêtements, trois ou quatre fois par an. Surtout, à Noël, on recevait des bottes, des pulls, des chaussettes, des tee-shirts. On recevait aussi le savon, le dentifrice, et on avait chacune notre petite armoire pour nos affaires. Vraiment, de ce point de vue-là, on n'avait pas à se plaindre. C'était ça, l'époque de Ceausescu : c'était triste parce qu'on n'avait pas le droit de souvent regarder la télé, juste un film de temps à autre, et on ne possédait pas beaucoup de choses à soi, mais tout le monde avait un travail et on avait quand même ce qu'il fallait pour vivre. C'est après Ceausescu que les orphelinats ont été complètement abandonnés. Malgré tout, c'est vrai aussi, par rapport à une cantine normale, là où on avait un morceau de pain, ailleurs les enfants en auraient eu deux. Parce que sous le communisme, avec le collectivisme, tout le monde essayait de récupérer ce qu'il pouvait pour lui : à la cantine, les responsables détournaient de la nourriture, mais le magasinier récupérait aussi les plus beaux vêtements et il nous donnait le strict minimum pour ne pas qu'on se retrouve tout nus… C'était comme ça.

C'était des choses qui se disaient entre élèves ? Vous pouviez protester pour la nourriture ou pour les détournements ?

Moi, je ne me suis pas aperçue de ça dès mon arrivée, en classe 5, mais après, en classe 7 et en classe 8, j'ai compris ce qu'il se passait au-dessus de nous. Mais on ne parlait pas de politique… Il n'y avait pas de Parlement, pas de ministres ou de Premier ministre, ou s'il y en avait, on ne les connaissait pas. Aujourd'hui les enfants savent toutes ces choses, mais pas à l'époque. Tout ce qu'on savait c'est qu'il y avait le président Ceausescu, et sa femme Elena. Le jour de la fête de Ceausescu, en janvier, il fallait la célébrer, chanter des chansons en son honneur. Il fallait être patriote et le respecter. Il y avait un genre de culte envers lui, et on nous apprenait la morale, mais rien sur la politique ou la situation du pays.

Le régime de Nicolae Ceausescu (26 janvier 1918 - 25 décembre1989) [5]

Troisième enfant d'une famille de neuf, il quitte sa famille à l'âge de onze ans pour apprendre le métier de cordonnier à Bucarest. C'est à la prison de Doftana, où il est détenu de droit commun, qu'il rencontre des communistes et adhère au parti des Travailleurs de Roumanie (en 1937 ou 1938 selon les sources).

En 1939, il fait la connaissance d'Elena Petrescu qu'il épousera en 1945. En 1940, il est de nouveau emprisonné, pour ses activités au Parti communiste au camp d'internement de Târgu Jiu, où il rencontre Gheorghe Gheorghiu-Dej, élu au comité central du Parti communiste et chef de la « faction de la prison », et dont il devient le protégé.

En 1945, il devient le secrétaire de l'Union des jeunesses communistes dans une Roumanie occupée par l'Union soviétique. Le 30 décembre 1947, la République populaire roumaine est proclamée avec comme président Petru Groza et Premier ministre Gheorghe Gheorghiu-Dej. En 1954, Nicolae Ceausescu, promu au bureau politique, devient le numéro deux du Parti.

Après la disparition de Gheorghe Gheorghiu-Dej, devenu président et mort en 1965, Ceausescu est coopté secrétaire général du Parti communiste roumain. En 1974, il sera élu président de la nouvelle « République socialiste de Roumanie ».

Ceausescu institue alors en sa faveur un culte de la personnalité. Il se fait appeler Conducător (c'est-à-dire guide ou leader) et même « geniul din Carpați » (littéralement : le génie des Carpates. Le ré-

5 - Cf. sources documentaires en annexe.

gime se transforme progressivement et le début des années 1970 peut être considéré comme un tournant. En 1971, Ceausescu se rend en visite officielle en République populaire de Chine puis en Corée du Nord. Il manifeste un grand intérêt pour l'idée de la transformation nationale totale telle que développée dans le programme politique du parti des Ouvriers coréens ou telle que l'avait mise en œuvre la Chine durant la Révolution culturelle.

En 1972, Ceausescu institue un « programme de systématisation », inspiré des écrits d'Engels sur la réduction des différences ville-campagne. Conçue comme une manière de construire une société socialiste multilatéralement développée, cette ambitieuse politique se traduit par de nombreux bouleversements dans toute la Roumanie, et en particulier par la démolition systématique de nombreux villages, avec déplacement de la population dans des petites structures urbaines. Le régime devient totalitaire et la police politique nommée Securitate en forme l'armature. Le népotisme caractérise également l'ère de Ceausescu : outre son épouse, d'autres membres de leurs familles respectives se voient octroyer de multiples avantages matériels et honorifiques. Cette nomenklatura s'enrichit, alors qu'une partie de la population vit dans une extrême pauvreté. En ce qui concerne les Tsiganes, le régime les incite à quitter le mode de vie nomade et les métiers traditionnels pour la sédentarité et les emplois dans les fermes collectives d'État. La culture, la langue et le mode de vie tsiganes sont soumis à une roumanisation à marche forcée.

Le régime de Ceausescu s'effondre après l'ordre donné aux forces armées et à la Securitate d'ouvrir le feu sur les manifestants anticommunistes dans la ville de Timisoara, le 17 décembre 1989. Le 21 décembre, Ceausescu organise un rassemblement de masse, censé montrer le soutien populaire au régime. La manifestation, diffusée en direct à la télévision, se transforme en une démonstration de protestation contre le régime. Le lendemain, le 22 décembre 1989, des manifestants envahissent le bâtiment du Comité central, où le chef de l'État préside une réunion. Les époux Ceausescu s'enfuient en hélicoptère. Trois jours plus tard, ils seront retrouvés, jugés par un tribunal autoproclamé, condamnés et exécutés.

Timbre-poste à l'effigie de Nicolae Ceausescu

Et en classe, ça se passait comment à l'époque de Ceausescu?

Dans la classe aussi on retrouvait un système très patriotique… Tout était parfaitement organisé avec des tas de règles qui n'existent plus aujourd'hui. Par exemple, il y avait des élections dans l'école qui permettaient d'élire des « commandants ». Chaque classe avait trois commandants de groupe, c'est-à-dire un commandant par rang. Et il y avait en plus un commandant de détachement qui commandait les trois. Et par-dessus tout ça, un commandant d'unité qui commandait toutes les classes. Moi j'ai été commandante du groupe 1, parce que j'étais bonne en classe. J'étais fière de ça, et en plus on avait un genre de cocarde rouge pour nous désigner. La cocarde jaune pour le commandant de détachement, et la bleue pour le commandant d'unité. Tout ça aux couleurs de la Roumanie, évidemment. On les mettait ensuite au moment des rassemblements des pionniers, ces grandes réunions d'élèves qui se faisaient à l'époque.

On avait aussi un uniforme, tous pareils, avec une blouse, une chemise bleue, un uniforme bleu marine, et un foulard aux couleurs du drapeau lui aussi : bleu, jaune et rouge. Il fallait une barrette dans les cheveux pour le tenir. Et tant que tu n'étais pas au point, des pieds à la tête, tu restais à la porte ! Parfois, quand on avait de bons résultats à l'école, on recevait une récompense à l'internat. Je me souviens d'une fois où j'ai reçu une belle jupe, parce que j'avais eu l'un des meilleurs bulletins du dortoir. J'ai été appelée devant toutes les autres, et madame Popa me l'a tendue en me félicitant. Ça a été un beau moment, j'étais très fière.

Tu disais que dans ta famille vous étiez orthodoxes, mais est-ce qu'il était possible de pratiquer la religion à l'orphelinat ?

Non, il n'y avait pas de politique, mais il n'y avait pas de place non plus pour la religion, parce que c'était l'époque du communisme. Et pourtant la religion était vraiment très importante pour moi, et pour toutes les filles qui avaient eu une famille avant d'arriver là. Alors on n'allait pas à l'église, mais Dieu était quand même avec nous parce qu'on priait beaucoup. Ma copine Nutz priait tous les soirs, et les filles des deux lits en face aussi. Dieu, c'était à la fois notre père et notre mère, alors on lui parlait à lui, comme on ne pouvait pas leur parler à eux. J'en pleure encore aujourd'hui quand j'y repense… Dieu était aussi important parce qu'il me manquait beaucoup de choses, j'étais très nostalgique. Ma mère me manquait énormément, alors je priais tout le temps pour la revoir, en demandant :

— « *Aide-moi à retrouver ma mère.* »

Et puis aussi je chantais beaucoup, un air qui disait :

— « *Maman, maman, qu'est-ce que tu as fait…* »

Les prières, les chansons, cela m'aidait à tenir et à me réconforter quand ça n'allait pas.

Vous aviez des loisirs, à l'orphelinat, en dehors de l'école ?

En dehors des heures de cours, il n'y avait vraiment pas grand-chose à faire, pas vraiment de distractions, ni de jeux ou de jouets : le matin il y avait l'école, ensuite la cantine, l'après-midi les devoirs dans la classe de l'orphelinat jusqu'au dîner du soir, et enfin le dortoir. La seule activité c'était le dimanche, parce qu'on sortait et qu'on allait se balader dans les collines autour de l'orphelinat.

Pour les livres, on pouvait s'inscrire à la bibliothèque de la ville. Moi j'en prenais beaucoup... Il y avait aussi la télé dans le dortoir. On était nombreuses dans ces moments-là, on discutait entre nous, on regardait les dessins animés ensemble et on les commentait. Et puis il y avait le linge qu'il fallait laver à la main, et ça prenait du temps. Finalement, même s'il n'y avait pas de vrais loisirs, on ne s'ennuyait pas parce que les journées étaient chargées : on n'avait pas vraiment de temps libre et pas le temps de s'ennuyer.

Vous aviez le droit de sortir parfois ?

À 12 ans, à partir de la classe 6, j'ai eu l'autorisation de sortir le week-end, alors le samedi je partais à Iasi rejoindre ma tante qui y vivait avec ses enfants. Ma mère, qui était revenue travailler dans la région, nous rejoignait tous les dimanches pour nous voir, et le soir elle repartait à son travail et moi je retournais à l'internat.

En fait, avec le temps, ces années à l'orphelinat sont devenues de beaux souvenirs : les classes 7, 8, et surtout la classe 9, même si je ne l'ai pas finie. À cet âge-là on passait au lycée, on avait un bel uniforme et on décidait des choses par nous-mêmes. On pouvait entrer et sortir comme on voulait, il y avait une sensation de liberté. Vraiment, on n'avait plus l'impression de la prison comme au début.

Moi je sortais systématiquement, tous les samedis pour aller voir ma famille, et à toutes les vacances pour rejoindre ma grand-mère à Raducaneni. Alors un jour madame Popa m'a dit :

— *« Attention Gabi, un de ces jours tu vas me revenir avec le ventre jusqu'à la gorge ! »*

Elle voulait dire que je faisais des bêtises avec les garçons et que j'allais tomber enceinte. Bien sûr, quand j'ai commencé à devenir jeune fille, les garçons m'ont regardée autrement, mais madame Popa avait tort de se faire des idées sur moi : je travaillais à l'école et j'étais très sage à côté. Je ne fréquentais personne, je n'avais jamais connu aucun garçon, et ça a duré comme ça jusqu'à mes 15 ans.

Qu'est-ce qu'il s'est passé à ce moment-là ?

Beaucoup de choses ont changé dans ma vie à cet âge-là... D'abord, à la fin de la classe 8, après avoir fêté mes 15 ans, je suis allée travailler pendant l'été dans la ferme collective où vivait ma mère, près de la côte de la mer Noire, à côté de Constanta. J'avais réussi les examens de mathématiques, de biologie, de chimie et de roumain, et je suis allée la rejoindre sur son exploitation pour me faire un peu d'argent de poche. C'était la première fois que j'allais passer autant de temps avec elle depuis mon départ pour l'orphelinat quatre ans avant : on allait vivre ensemble trois mois entiers.

Cette ferme, c'était une grande exploitation avec des dortoirs, où elle vivait et faisait la cuisine pour les maraîchers qui travaillaient dans les champs à ramasser les tomates et les aubergines. Moi j'ai commencé aux champs comme eux, et on avait des objectifs, avec le nombre de cartons de légumes qu'on devait préparer chaque jour. On recevait un salaire de 1 700 000 lei[6], toutes les deux semaines. C'était bien pour l'époque, et moi, cet argent je le mettais de côté à la banque. Du coup, pour tenir les objectifs et avoir ce salaire, on travaillait tous les jours, parfois même les jours fériés. Il n'y avait vraiment pas de répit. L'autre problème, c'est qu'il y avait le mari de ma mère qui était brutal et agressif, et qui se comportait comme s'il avait des droits sur moi.

Mais finalement, c'est aussi cet été-là que j'ai rencontré Beri, mon mari.

---

6 - Valeur exprimée en ancienne monnaie roumaine. 1 leu actuel = 10000 anciens lei. Le salaire mensuel exprimé équivaut donc, au milieu des années 1980, à environ 340 lei actuels, soit 80 euros.

Les fermes sous le régime communiste roumain et le système collectiviste[7]

Les fermes d'État ont été créées en 1920, avec pour but initial de restreindre les grandes étendues agricoles pour les partager entre plusieurs paysans. Elles sont par la suite réorganisées sous plusieurs formes.

En 1948, elles deviennent des « domaines agricoles d'État » : les paysans doivent mettre en commun leurs champs et d'autres actifs pour constituer des unités de production. Leurs biens deviennent donc la propriété de l'exploitation collective. Ils peuvent cependant continuer à cultiver une parcelle à titre individuel. En échange de leur travail, les ouvriers agricoles reçoivent un salaire en nature ou en argent. Les responsables, le président et le vice-président de ces exploitations sont élus par les membres de la coopérative, mais leur nomination doit être validée par le Parti communiste. Ils fixent plans annuels et quinquennaux d'objectifs. Les directeurs de ces structures sont nommés directement par le Parti.

En 1967, ces domaines sont transformés en entreprises agricoles d'État. À l'instar des exploitations collectives d'antan, elles doivent exécuter des plans annuels et quinquennaux établis par les autorités centrales. En revanche, les ouvriers, rémunérés par le budget national, n'ont plus le droit d'utiliser une parcelle à titre privé.

La privatisation de l'agriculture constitue l'une des premières mesures du gouvernement de Ion Iliescu, qui accède au pouvoir en 1989 après l'effondrement du régime communiste.

---

7 - Cf. sources documentaires en annexe.

II.

MA RENCONTRE AVEC BERI ET MA VIE CHEZ LES TSIGANES

Raconte-moi un peu votre rencontre, à Beri et toi...

Dans cette ferme, il y avait beaucoup de filles et de garçons qui travaillaient dans les champs avec moi et qui sortaient le soir. Ils allaient à Costinesti, la station balnéaire, pour danser et écouter les concerts de musique folk. C'était agréable, distrayant, et pour moi c'était une grande découverte, ce genre de loisirs. C'était une vie d'adolescents normaux, avec un travail d'été, des copains et des sorties, comme je n'en avais jamais connus jusque-là.

Et donc, il y avait Beri. C'était difficile de ne pas remarquer ce garçon qui était galant avec moi, qui me regardait bizarrement et prenait des airs quand j'étais là. Il se prenait pour une vedette ! Il passait son temps à se regarder dans le miroir, mais c'est vrai que c'était un très beau garçon, très athlétique, avec une petite moustache comme les acteurs américains. Mais même s'il présentait bien, moi je ne le connaissais pas et il fréquentait des gens que je ne connaissais pas.

Tout ce que je savais d'eux, c'est qu'ils étaient tsiganes, mais pas roumanisés comme moi.

Cela faisait une vraie différence entre vous, que ce soit des Tsiganes plus traditionnels ?

Pour être honnête, ils étaient plutôt sociables et sympathiques, ces « Tsiganes tsiganes ». C'est juste que nous étions de deux clans différents, avec des habitudes différentes : ensemble ils parlaient une langue que je ne comprenais pas, ils mangeaient une nourriture que je n'avais jamais goûtée, ils s'habillaient différemment. Par exemple, moi je portais des jeans, avec les cheveux détachés, et je me maquillais pour sortir comme les Roumaines. Les filles tsiganes de l'exploitation, elles, portaient de longues jupes, elles n'avaient pas le droit de se maquiller et portaient un fichu sur la tête pour tenir leurs cheveux. Et jusque-là je n'avais pas connu de Tsiganes qui vivaient vraiment comme de vrais Tsiganes. En plus, Beri était le plus typé de toute l'exploitation, le plus noir de peau. Alors, au départ, ma famille n'était pas très contente que je les fréquente, lui et ses amis. Même ma grand-mère m'avait appris à me méfier d'eux, à ne pas me mêler à eux parce qu'elle pensait qu'ils risquaient de me faire du mal. Et pourtant, elle avait épousé un Tsigane et elle-même était tsigane, mais roumanisée, et dans sa famille c'est ce qu'on lui avait appris sur les Tsiganes qui vivaient de façon plus traditionnelle. Alors au début, j'ai dit à Beri que ce n'était pas possible entre nous, et en septembre je suis rentrée à Bucium pour la classe 9 parce que je voulais continuer mes études et avoir un bon métier.

Mais cette classe 9, tu m'as dit que tu ne l'avais pas finie, et que beaucoup de choses avaient changé pour toi l'année de tes 15 ans…

C'est vrai que je n'ai pas fini le lycée et pourtant c'était mon objectif… Je ne voulais pas vivre comme ma mère, qui était obligée de se louer à la saison comme ouvrière agricole, qui vivait dans la misère et devait se déplacer tout le temps. Donc en classe 9, j'étais en filière « Économique 2 », qui menait vers l'hôtellerie et la vente. Mais à la rentrée, les cours avaient changé, et l'année commençait par des options obligatoires qui ne m'intéressaient pas du tout, des ateliers de mécanique. Je ne comprenais pas pourquoi il fallait faire ça, je me disais que ça ne servait à rien et ça ne me plaisait pas du tout. J'ai fini par abandonner le lycée, et je suis retournée à la ferme où travaillaient ma mère, Beri, et les autres Tsiganes. Et là une autre vie a commencé pour moi.

D'abord, arrêter le lycée, ça a été une grande rupture. Au départ, mon beau-père avait dit qu'il allait m'inscrire au lycée à Costinesti, alors je suis partie avec cette idée en tête, mais une fois sur place c'était trop compliqué, trop loin, et il a commencé à dire qu'il ne pouvait pas m'amener. Et moi je m'habituais à la vie à la ferme, alors l'idée du retour à l'école s'est éloignée rapidement.

Mais ce n'est pas seulement à cause de ça que j'ai arrêté mes études de façon définitive. C'est surtout à cause de ce qui s'est passé cet hiver-là, qui a brisé tous mes rêves. À partir de là, j'ai arrêté de penser à mon avenir.

Tu peux m'expliquer ce qui s'est passé ?

C'est très personnel, et je n'en ai pas souvent parlé… Il y a avait très peu de monde à la ferme parce que c'était l'hiver, donc il n'y avait sur place que les gardiens comme ma mère et mon beau-père, et deux ou trois vagabonds qui n'avaient nulle part ailleurs où passer la saison. Nous étions donc quasiment seuls et on sortait très peu. Moi qui d'habitude évitais mon beau-père autant que possible, à cause de son caractère et de son attitude vis-à-vis de ma mère et moi, je me retrouvais souvent seule avec lui, coincée là sans pouvoir m'esquiver pour sortir ou retrouver des amis. J'allais sur mes 16 ans.

Je préfèrerais qu'il ne soit jamais rien arrivé, parce que aujourd'hui encore j'ai une peine et une honte immenses en y repensant, même si je sais que je n'ai rien fait et que ce n'est pas de ma faute. Je ne l'ai pas poussé à faire ce qu'il m'a fait, bien au contraire. Il m'a forcée, il a utilisé sa force contre moi et il m'a menacée. Aujourd'hui je n'en parle jamais, et j'essaie de ne plus y penser, mais c'est impossible. Et ça a eu beaucoup de conséquences sur ma vie d'après. J'avais fait très attention de garder ma virginité, parce que c'était important à l'époque, pour moi et pour les gens avec lesquels je vivais. Et lui il me l'a volée, de la pire des façons, et le mari de ma propre mère en plus. D'ailleurs, rapidement, j'ai raconté à ma mère ce qui s'était passé, et tout le monde a été au courant sur l'exploitation. Mais malgré le scandale que ça a fait, elle ne l'a pas quitté. Au contraire, elle l'a suivi quand il a été obligé de partir à cause de ce qu'il m'avait fait. Tous les deux, ils m'ont laissée là, derrière eux, et ça a été encore plus dur de rester seule après ce qui m'était arrivé, complètement abandonnée. Je me retrouvais sans personne pour s'occuper de moi, et donc n'importe qui pouvait se jeter sur moi ou simplement se moquer de moi. C'était terrible, ce sentiment d'être complètement seule au monde et à la merci de n'importe qui.

Tu es restée tout de même à l'exploitation ?

Oui, parce que je n'avais de toute façon pas vraiment d'endroit où aller : chez ma grand-mère c'était la misère, et là-bas aussi les gens étaient au courant... Et puis le printemps est revenu, et aussi les Tsiganes. Ça m'a fait du bien qu'ils reviennent tous, j'avais l'impression de retrouver une famille. On passait nos journées ensemble, on sortait, on allait à Costinesti, la ville des jeunes. Là-bas, Beri m'offrait des broches et des barrettes pour mes cheveux : il y avait beaucoup de filles, mais il n'avait ce genre d'attentions que pour moi. Il se comportait vraiment très bien avec moi, de manière délicate, alors au bout d'un moment j'ai accepté son amitié et on a commencé à se raconter nos vies.

Évidemment, tous les Tsiganes avaient entendu parler de l'histoire et me disaient que Beri voulait juste s'amuser avec moi et qu'il ne voudrait plus de moi après l'été, que personne ne voudrait plus de moi. Alors j'ai décidé de lui raconter moi-même ce qui m'était arrivé, et il m'a rassurée, en me disant qu'il m'aimait comme j'étais, malgré ce qui s'était passé.

Il est arrivé au bon moment dans ta vie, après ce qui t'était arrivé, alors que tu t'étais retrouvée toute seule ?

Oui c'est certain, ce qui m'était arrivé et la perte de ma virginité, pour moi c'était une tragédie, et j'étais complètement démoralisée à ce moment-là. À cause de ça, j'avais perdu toutes les choses d'avant, tous mes projets. Je ne pensais plus à mon avenir, à finir mes études ni à me trouver un métier intéressant. Je ne pensais plus à moi, tout simplement. Tout a pris fin ce jour-là, avec ce qui s'est passé. Un peu comme si c'était la fin d'une vie. En plus, après ça, je m'étais retrouvée complètement seule à la ferme et j'avais honte de rentrer chez ma grand-mère, parce que là-bas aussi tout le monde savait.

Donc je n'avais personne pour s'occuper de moi alors que j'avais besoin qu'on me prenne dans les bras, ou au moins de chaleur humaine, quelqu'un qui m'écoute et qui soit là pour moi. Et Beri je sentais qu'il m'aimait, je sentais tout l'amour qu'il avait pour moi. Avec lui, je n'avais plus besoin de penser à ce qui m'était arrivé, je ne souffrais plus. J'avais l'impression d'avoir tout en l'ayant, lui.

À la fin de la saison, pendant trois mois, on a vécu et dormi ensemble dans mon dortoir, comme un couple marié. C'est là que j'ai appris à être heureuse, c'est lui qui m'a ouvert les yeux. J'ai vécu des moments très agréables. Quand j'ai perdu ma virginité, ça a été un moment très douloureux, ce n'était pas de ma volonté, alors c'est avec lui que j'ai vraiment profité de la vie et que j'ai été heureuse. Il m'aimait beaucoup, il était très jaloux, il ne supportait pas qu'un garçon s'approche de moi. Si un autre m'appelait de loin pour me parler, il râlait et me giflait. Il m'aimait beaucoup, vraiment. À ce moment-là, il m'a aussi demandé de ne plus porter de pantalons mais des jupes, et de mettre des fichus sur ma tête, comme les Tsiganes de son clan. Et je l'ai fait pour lui. J'ai passé peut-être les plus beaux mois de ma vie, dont je me rappellerai toujours.

Et comment s'est passée la rencontre avec sa famille, des Tsiganes traditionnels ?

Au début, je l'avais averti :

— *« Je ne me marie pas avec toi ! »*

Je lui disais ça parce que les autres de son clan m'avaient répété que son père et sa mère ne voudraient pas de moi, du fait que je n'étais plus jeune fille. Comme j'avais peur de me retrouver rejetée chez lui, je préférais lui dire que je ne voulais pas de ça. Mais au bout des trois mois que nous avons passés seuls à la ferme, il m'a quand même demandée en mariage et m'a dit qu'il allait me ramener chez lui, dans son village.

Il n'avait pas encore 16 ans, mais c'était l'âge pour que sa mère le marie, alors, quand il est rentré et qu'elle a vu à quel point il tenait à moi, elle a accepté. À l'époque, c'était une famille très pauvre, et ça a peut-être influé sur son choix parce qu'en me prenant, elle n'avait rien à payer puisque je n'étais plus jeune fille. Elle n'avait pas à m'acheter à ma famille comme c'est la coutume encore aujourd'hui, parce que je ne valais rien.

Mais bien sûr, on ne peut pas dire qu'ils m'ont regardée d'un très bon œil à mon arrivée, d'abord parce que je n'étais pas de leur clan, mais aussi parce que ma famille n'avait pas du tout d'argent, et puis parce que justement je n'étais plus une jeune fille. Je n'étais plus vierge, j'étais une femme, et ça, les Tsiganes ne l'acceptent pas. Chez les Roumains, ça dépend de l'orgueil de chacun, ça varie d'une famille à l'autre. Mais chez les Tsiganes, c'est obligatoire. Et puis aussi, j'étais très noire de peau, et ils auraient voulu une fille plus claire de peau, donc plus jolie. Mais là, Beri avait imposé son choix, alors ils ont accepté et sa mère est venue me chercher à la ferme en me disant d'emporter toutes mes affaires avec moi parce qu'elle s'était déjà engagée à me ramener. Je suis donc arrivée chez eux, à Manasia, un village proche de Bucarest. Ils vivaient là tout l'hiver, dans une jolie maison avec une cour et des vignes, et au printemps ils partaient travailler dans les exploitations agricoles jusqu'à l'automne.

Comment s'est passé le mariage, vous avez fait des choses particulières ?

D'abord on m'a mise trois jours au lit parce que c'est la tradition : pendant trois jours la jeune mariée ne doit rien faire dans la maison, pour que le foyer dure toute la vie.

Mais il n'y a pas eu de fête particulière, d'abord parce que chez les Tsiganes le mariage ne se passe pas à la mairie, et que nous étions trop jeunes pour nous marier à l'église. Et puis surtout, à ce moment-là, la famille de Beri avait des soucis financiers, alors que normalement, quand ta belle-fille arrive, tu l'accueilles bien : tu fais des grillades, tu achètes des choses à manger, des gâteaux et des sucreries pour qu'elle se sente bien. C'est une question d'honneur et de prestige. Mais quand même, un mois après mon arrivée, mon beau-père est rentré de la ferme où il travaillait, et les choses se sont arrangées de ce point de vue-là… Il est arrivé avec des cochons de lait et deux camions de maïs et de blé. Tout à coup on était très riches. Et comme il était content, le jour de son arrivée il a beaucoup bu en trinquant :

— *« Que vive ma fille ! »*

Et là il m'a donné à boire, et des chocolats et des gâteaux à manger.

Et arriver soudainement dans une famille différente de ce que tu avais connu, une famille de Tsiganes non roumanisés, ça n'a pas été difficile ?

Je me suis habituée à eux, j'ai appris à parler tsigane et à cuisiner les plats qu'ils aimaient. Je me suis aussi habillée comme les filles de chez eux, comme Beri me l'avait demandé. Au départ bien sûr, tant que nous n'étions pas mariés, ils n'avaient rien à me dire, puisque je n'appartenais pas à leur clan. La famille de Beri appartenait à un autre type de Tsiganes : eux c'étaient des Tsiganes Ursari[8]. Comme il y a aussi les Tsiganes Caldarari, les Tsiganes Aurari, Argintari, Lingurari, Spoitori, Lautaras[9], ou les Tsiganes roumanisés comme moi. Alors, en me mariant, il a fallu que j'apprenne leurs traditions. Mais ça ne me déplaisait pas parce que depuis toute petite, quand on me demandait si j'étais tsigane ou roumaine, je répondais toujours que j'étais tsigane, jamais que j'étais roumaine. Mais c'est quand même en me mariant que j'ai appris ce que c'était d'être une « vraie » Tsigane, et depuis 28 ans je vis comme ça.

8 - Clan dit « des ours ».

9 - Respectivement : clans des chaudronniers, de l'or, de l'argent, des cuillères, des rétameurs, des violoneux…

Gitans, Manouches, Tsiganes, Roms : divers noms d'un même peuple[10]

Différentes dénominations distinguent les branches du « peuple » tsigane : les Gitans – Gypsies en anglais, Gitanos en espagnol – vivent en Espagne et dans le sud de la France, et représentent environ 10 % des Tsiganes. Les Sinté, ou Manouches en français, se sont plutôt établis dans les régions germanophones, le Benelux et certains pays nordiques, et représentent environ 4 % des Tsiganes. Les Roms proviennent quant à eux d'Europe orientale et centrale et se regroupent en diverses communautés selon leur activité, par exemple les Roms kalderasch, chaudronniers, ou les Roms lovaras, marchands de chevaux. Tous appartiennent au peuple dit « tsigane », dont l'étymologie vient du grec médiéval athingani, qui signifie « intouchable ». Cependant, en Europe de l'Est, ce terme exogène (utilisé par les non-Tsiganes) a « aux yeux de beaucoup de Roms, une connotation péjorative », explique le Conseil de l'Europe*. Dans cette partie de l'Europe, il lui est donc désormais préféré l'appellation « Roms » (parfois écrit « Rroms »), qui signifie homme en langue romanès. Il s'agit là encore d'un terme générique, mais, cette fois endogène, c'est-à-dire employé par les Roms eux-mêmes. Il a été choisi en 1971 par des associations d'Europe de l'Est, comme l'Union romani internationale, pour remplacer celui de « Tsigane », considéré comme péjoratif. Dans cette acceptation large du terme, les « Roms » sont environ 10 millions. Ils sont présents dans la quasi-totalité des États de l'U.E., et particulièrement en Roumanie

10 - Sources documentaires en annexe.

(1 850 000, soit 8,6% de la population), en Bulgarie, (750 000, soit 10,33 % de la population), en Hongrie (750 000, soit 7,49% de la population), en Espagne (750 000, mais seulement 1,63% de la population), ainsi qu'en Slovaquie (490 000, soit 9,02% de la population). En France, leur nombre est estimé à 400 000 (0,62% de la population).

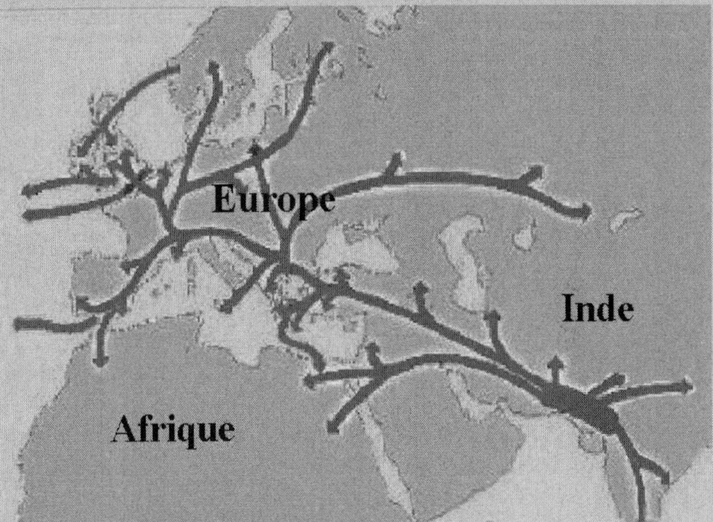

Les flux migratoires des Tsiganes
source : http://www.axl.cefan.ulaval.ca/europe/tsiganes.htm

À quoi ressemblait la vie quotidienne pour toi, dans la famille de Beri ?

Même si certains essayaient de se montrer gentils avec moi, j'avais comme un trou à l'âme, parce que je me sentais seule. Ces gens, je ne les connaissais pas vraiment, je me sentais perdue et sans repères dans cette nouvelle famille. J'ai été malheureuse au début, je me sentais comme morte, isolée de tout, parce que je ne connaissais personne et parce que j'étais un peu l'esclave de la maison. La première belle-fille était déjà partie, donc il n'y avait que moi. Alors je me suis sentie accablée de travail et seule au monde. En plus, c'était très difficile de vivre avec ma belle-mère, parce qu'elle n'était jamais contente de moi et me surveillait tout le temps. Elle me regardait toujours de travers et me faisait faire les tâches les plus dures, comme laver les grands tapis de sol et les essorer à la main toute seule. Mon beau-père lui, se comportait comme un communiste : il fallait tout le temps que je travaille, que je prépare à manger trois fois par jour. Je ne m'appartenais plus… On me disait constamment ce que je devais faire, et quand je devais le faire.

Le pire, ça a été quand nous sommes retournés à Constanta pour le travail, pendant l'été. J'étais enceinte d'un mois quand nous sommes arrivés sur l'exploitation, mais à partir de cette période ma belle-mère a été encore plus exigeante. Il fallait que je travaille la journée à la cueillette, puis je quittais le champ pour aller préparer le repas, balayer, ranger, laver le linge, et il fallait que tout soit prêt quand ils rentrent. Pendant ce temps-là, ma belle-mère et ses filles, elles, allaient souvent en ville, s'acheter et manger ce qu'elles voulaient alors que je travaillais absolument toute la journée. Bien sûr, jamais personne ne me remerciait pour tout ça, jamais aucune reconnaissance de ce que je faisais pour eux. Je ne faisais que recevoir des ordres de tout le monde, toute la journée. Alors je faisais à manger en pleurant et en maudissant les jours qui m'avaient amenée jusque-là.

Mais ça ne s'est pas amélioré quand tu es tombée enceinte, et quand ta fille Raluca est née ?

D'une certaine façon ça a été mieux pour moi parce que j'ai eu d'autres choses à penser ; je ne me suis plus sentie seule.

Mais il ne faut pas croire que j'ai eu un traitement de faveur pendant ma grossesse, pas du tout. D'abord parce qu'à cette époque-là ma belle-famille ne m'aimait vraiment pas, et ensuite parce que chez nous, à la campagne, pour toutes les femmes qui attendent un bébé ou qui ont des enfants petits, c'est la même chose : tu travailles pareil que les autres parce qu'il n'y a pas moyen de faire autrement. De toute façon, les femmes en Roumanie, qu'elles soient enceintes ou pas, elles ne soufflent jamais : les enfants, les bêtes, les champs, couper du bois, s'occuper du feu et de l'eau, laver et essorer le linge à la main… C'est très dur et elles n'arrêtent jamais.

Alors je travaillais aux champs, je m'occupais de la maison, du cochon, je nettoyais la cour en ciment, même l'hiver, tous les jours. J'allais chercher l'eau à la fontaine et mes mains se gelaient sur la chaîne de la fontaine. Il fallait aussi couper le bois pour la cheminée. Et quand j'étendais le linge dehors, parfois il gelait directement sur le fil, alors ma belle-mère faisait un scandale et exigeait que je le lave à nouveau. Mes mains se congelaient jusqu'à mon âme… Les hommes, eux, de toute façon, ils étaient là sans rien faire, ils attendaient le printemps.

Les droits des femmes en Roumanie[11]

En 2000, la Roumanie devient le premier pays d'Europe centrale et orientale à se doter d'une législation interdisant la discrimination, notamment entre les sexes. Le droit de vote a certes été accordé aux femmes dès 1938 (il a fallu attendre 1944 en France). Mais aujourd'hui, seulement 11% de femmes siègent au Parlement roumain contre 25% pour la moyenne européenne.

- 20,7% des femmes roumaines de plus de 65 ans sont exposées à la pauvreté, contre 10% des hommes de la même tranche d'âge. En France, cette proportion est respectivement de 3,5% pour les femmes et 3% pour les hommes.
- 68% des Roumains(es) considèrent la violence envers les femmes comme inacceptable et devant toujours être sanctionnée par la loi, contre 84% pour la moyenne européenne.
- 60% des divorces prononcés pour la seule ville de Bucarest ont pour cause la violence physique. En 1994, 60 % des femmes incarcérées pour homicide étaient condamnées pour avoir tué leur époux dans le cadre de violences conjugales répétées.

Chaque année, plus de 120 Roumaines meurent sous les coups de leur conjoint, pour une population totale de près de 20 millions d'habitants : proportionnellement, c'est trois fois plus qu'en France.

11 - Cf. sources documentaires en annexe.

Beri ne prenait pas ta défense face à tes beaux-parents ?

Oh, Beri ne commandait pas du tout à la maison : il parlait, mais c'était sa mère qui décidait. Et dès que j'avais besoin de quelque chose, que ce soit des vêtements ou des médicaments, il fallait que je lui demande à elle, et elle pouvait me refuser. Je ne pouvais pas non plus garder mon salaire pour moi, comme avant : tout ce que je gagnais et ce que gagnait Beri, c'était mes beaux-parents qui le recevaient. On ne savait même pas combien on gagnait et on devait passer par eux pour toutes les dépenses. Je n'avais même plus de chaussures à ce moment-là, ni de quoi m'acheter des vêtements neufs ou du savon pour me laver. Mes beaux-parents gardaient l'argent, et Beri ne prenait pas soin de moi, comme si je n'étais pas là. Comme si je n'existais pas, personne ne s'occupait de moi.

Parce que après que je suis tombée enceinte, Beri a commencé à me délaisser. Une fois arrivés sur l'exploitation pour l'été, je me suis aperçue qu'il avait une maîtresse, une autre fille avec laquelle il s'amusait et passait du temps, à qui il achetait des châles et de belles chaussures de ville alors que moi j'étais dans un état misérable. Quand je lui ai demandé des comptes sur ce qui se passait alors que j'étais enceinte de lui, il m'a frappée, plusieurs soirs de suite, jusqu'à ce que je fasse une hémorragie, et il m'a dit qu'il allait partir avec cette fille et la demander en mariage. Ma belle-mère, quand elle me croisait, alors qu'elle voyait mes bleus, me disait que je n'avais que ce que je méritais, et elle le poussait vers cette fille qui était d'une bonne famille, plus riche que la leur. Alors j'ai fini par m'enfuir pour rejoindre ma mère.

Mais, retourner chez ta mère, ça voulait dire aussi retourner chez ton beau-père ?

Bien sûr, ma mère était toujours avec son mari, mais je n'avais pas d'autre solution, parce que ma grand-mère était morte pendant l'hiver. Je n'avais nulle part ailleurs où me réfugier. Et puis quand ma mère a vu comment j'étais, enceinte, sale, pleine de bleus, de sang, pieds nus et avec des poux et des lentes, elle a pleuré et m'a emmenée à l'hôpital où je suis restée deux jours sous perfusion. Après ça, elle m'a ramenée chez elle, où je suis restée trois mois, jusqu'à ce que Beri me ramène à nouveau à la maison… Cela faisait un moment qu'il essayait de me faire revenir, et comme mon beau-père était très violent avec moi, je l'ai suivi.

Dans la situation dans laquelle j'étais, sans maison ni personne avec qui vivre, je n'avais pas le choix. Et puis j'étais amoureuse de Beri, alors je supportais tout ce qu'il me faisait sans penser à partir ou à me trouver un autre mari. Et surtout j'étais enceinte, alors je me disais que j'allais vivre ce que j'avais à vivre, souffrir ce que j'avais à souffrir, pour que mon enfant ne manque pas d'un père comme moi j'en avais manqué. J'ai pensé que c'était mon destin, et que je devais le faire pour mon enfant. En souffrant autant de ne pas avoir eu de famille, j'ai pensé qu'avec Beri j'avais enfin ma famille, et que pour ça il fallait être capable de tout supporter, même de se faire battre ou de se faire tuer. J'avais seulement 16 ans, et c'est tout ce que j'avais en tête à l'époque. Je pensais que c'était le prix à payer. Sans compter que j'avais peur : j'avais perdu ma virginité en ayant été violée, tout le monde le savait, et si je me séparais de Beri en étant enceinte, qu'est-ce que j'allais devenir après ? Je pensais que j'allais finir sur le trottoir si je me retrouvais seule. J'avais peur de ce que les autres allaient penser de moi, de ce qu'ils allaient dire, que j'étais une fille sans morale qui passait d'un homme à l'autre. J'avais peur de finir prostituée et je me disais que je ne pouvais plus rien me permettre.

Mais se faire battre par son mari, ça arrive souvent chez les Tsiganes ?

Au début de notre histoire, recevoir des gifles, ça ne me choquait pas : les trois premiers mois, nos engueulades c'était par jalousie et on faisait toujours la paix. Au début, c'était pour m'avoir et parce qu'il m'aimait. Mais après, j'ai senti que c'était parce qu'on était obligés de rester ensemble, et qu'il ne me supportait plus. Parfois il me disait :

— « *Va-t'en ! Fais ta vie !*»

Mais moi je suis restée là, comme une imbécile. Si j'avais eu à cette époque la lucidité de maintenant , sûrement que je serais partie.

Et puis c'est très fréquent en Roumanie que les femmes se fassent battre par leur mari. De façon générale, les personnes qui souffrent le plus là-bas, ce sont les femmes. Elles travaillent du soir au matin, dans la maison comme aux champs, à faire les travaux les plus pénibles, et elles restent en plus toute leur vie avec quelqu'un qui les frappe, jusqu'à la mort. Parce que souvent elles n'ont pas le choix : mourir sous les coups ou mourir de misère. J'en connais pour qui ça s'est très mal fini, comme la mère de mon amie Nutz à l'orphelinat, que son père a tuée en l'écrasant sur le sol avec une planche sur laquelle il est monté de tout son poids. La seule limite qui peut arrêter ces hommes-là, c'est quand ils risquent de tuer leur femme et de finir en prison. Et pour les femmes, la seule chose qui peut changer la situation c'est d'aller se plaindre à la police. On peut aussi aller aux services sociaux pour être protégée du mari dans un foyer pour femmes battues. Mais le problème, c'est que chez les Tsiganes, on ne discute jamais de ça avec l'extérieur, ça reste une histoire de famille qu'on doit régler entre nous. Donc si on en parle avec les services sociaux ou la police, c'est qu'on est prête à tout quitter, parce qu'il n'y a pas de retour en arrière possible après avoir fait ça. On se coupe de sa famille, on met sur elle le déshonneur et on risque de perdre ses enfants. Autant dire que la plupart du temps, les femmes tsiganes apprennent à supporter et à faire avec.

Mais je dirais que la différence de ce point de vue-là, c'est surtout entre la ville et la campagne, plutôt qu'entre Tsiganes et Roumains : les femmes de la campagne doivent tout faire dans la maison et aux champs, et les hommes ne les aident jamais. Et à la campagne c'est encore plus pauvre. Parce qu'on dit souvent que c'est la jalousie qui explique la violence des maris, mais moi je pense que ce sont les problèmes d'argent : il y a des problèmes financiers dans la famille, alors il y a du stress, des dépressions, et les hommes commencent à frapper. Sans compter l'alcool qui aggrave tout. Maintenant, chez les jeunes, les femmes se séparent plus facilement, elles supportent moins que leur mari les frappe, surtout celles qui ont fait des études et qui sont indépendantes, qui ont un commerce ou un emploi. Celles-là sont autonomes, elles peuvent marcher toutes seules sur leurs deux jambes, et peuvent décider seules. Surtout, elles peuvent divorcer et partir faire leur vie ailleurs quand leur mari commence à les battre. Chez les jeunes Tsiganes, il y a aussi de plus en plus de filles qui ont le permis de conduire et qui, du coup, sont beaucoup moins dépendantes de l'homme de la maison.

Moi-même, encore aujourd'hui, je dépends de l'argent et de la voiture de Beri, je ne peux rien faire sans lui. Alors à l'époque, aussi jeune que je l'étais, sans argent et sans famille pour m'accueillir, je n'aurais jamais pu le quitter quand il me battait. Et puis même si je n'ai pas grandi avec mon père, j'ai vu tellement souvent mon beau-père battre ma mère que j'étais habituée à cette violence dans le couple. De façon générale, j'ai toujours connu la pression des hommes sur les femmes, depuis toute petite. Dans le village de ma grand-mère, il y a toujours eu autour de moi des oncles chargés de me surveiller, de vérifier où je sortais et avec qui, de contrôler mes résultats scolaires, de m'engueuler et de me punir si besoin. J'ai grandi avec la peur et la honte, à cause des hommes qui me contrôlaient. Mais j'avoue que je ne m'attendais pas à subir le même sort que ma mère quelques années plus tard.

Comment s'est passée la naissance de Raluca, ta fille ?

Raluca est née en février, un peu plus d'un an après mon arrivée dans la famille. À cause de la neige, je suis restée un mois à l'hôpital en attendant que Beri puisse venir depuis Constanta reconnaître la petite, et que je puisse sortir de là avec son certificat de naissance en règle.

Pendant cette période, quasiment personne de la famille de Beri n'est venu me rendre visite. Normalement, la belle-famille vient à l'hôpital, et ils amènent des sucreries à manger, des gâteaux, des bonbons. Ils se réunissent, ils s'occupent de la jeune mère et ils sont heureux ensemble. C'est très loin de ce que j'ai vécu à ce moment-là... Mais moi je m'en moquais parce que j'avais trouvé un nouveau sujet de préoccupation, un projet, quelqu'un dont j'avais envie de m'occuper.

Et puis quand Beri a fini par arriver, après la neige, ça a été le plus beau moment de notre vie. Il était très heureux, heureux aussi d'avoir une fille. Il ne me l'a pas reproché, alors que quand même, c'est vrai, chez les Tsiganes les pères préfèrent que le premier enfant soit un garçon. Il avait l'air tellement heureux le premier soir à la maison... Il a pris la petite dans ses bras et nous a installées dans notre chambre en allumant un beau feu de bois. On a passé cette première nuit avec Raluca entre nous, au milieu du lit, toute la nuit à la regarder dormir, sans réussir à fermer l'œil. C'est vraiment un beau souvenir.

Et est-ce que le fait que tu deviennes mère, ça a changé la façon dont ils te traitaient, lui et ta belle-famille?

Beri était tellement content de la naissance de sa fille, qu'il s'est fait tatouer « Gabi » sur l'épaule. Alors moi j'ai fait inscrire « Beri » sur mon avant-bras... C'est sûr qu'à un moment il a dû être amoureux de moi. Il ne m'a pas aimée assez, mais il a dû avoir des sentiments. C'est avec le temps que les choses se sont dégradées. À chaque fois qu'il a été amoureux d'une autre, il m'a délaissée, et on s'est éloignés, même si je ne suis jamais partie et que lui est toujours revenu à cause des enfants ou parce que ses histoires se terminaient. Au début, je me disais que je resterais le temps que les enfants soient petits, et que lorsqu'ils se marieraient je le quitterais et je ferais ma propre vie. Mais comme Raluca est tombée malade, vers 6 ans, ça ne s'est pas passé comme ça. Au contraire, ça a été de plus en plus dur avec les années. Et pourtant, à partir de là, même la mère de Beri lui a dit d'accepter sa vie, de s'occuper de moi et de nos enfants au lieu de nous abandonner pour d'autres femmes. Parce que avec le temps, ses parents avaient commencé à m'accepter et à prendre mon parti. Ils ont vu que j'étais une belle-fille bien, respectable et travailleuse, et que je m'occupais bien de mes enfants.

Mais comme Beri n'a jamais vraiment changé d'attitude, moi j'ai grandi, j'ai appris à ne plus rien dire, à ne plus lui demander de comptes et à le laisser faire ce qu'il voulait. Comme ça, il n'y avait plus de disputes et plus de coups. Aujourd'hui je prends sur moi, pour avoir le calme dans ma famille.

Beri, Gabriela et leur fille Raluca en Roumanie

Au fil des années vous avez eu trois enfants en Roumanie, qui sont adultes aujourd'hui et qui vivent tous avec vous, ici à Toulouse, depuis trois ans… Comment avez-vous décidé de venir vivre en France, pour quelles raisons avez-vous quitté la Roumanie ?

En fait, cela faisait un moment qu'on disait qu'on allait partir, avec toute la famille on en parlait, mais on ne savait pas quand ni comment. On savait juste qu'on n'avait plus rien à faire là-bas, qu'on ne pouvait pas avancer. D'abord Raluca est malade, elle est épileptique depuis qu'elle est petite, à cause d'un kyste au cerveau, alors nos fils Robert et Adi qui essayaient déjà de s'installer en France ont pensé qu'ici ce serait mieux pour elle pour les soins médicaux. Sans compter qu'à la fin, dans notre village en Roumanie, il y a eu des inondations, et à partir de là tout a pourri, tout a moisi, ce n'était plus possible de vivre dans la maison où nous habitions. C'était un hiver très dur, on n'avait presque pas de bois, on était tous là agglutinés dans la maison, alors on a décidé de partir.

Mais il faut être honnête, on aurait eu le choix, je crois qu'on serait restés en Roumanie malgré tous nos problèmes, parce que d'un point de vue matériel on s'en sortait mieux quand Beri travaillait comme maçon en Roumanie. Mais, entre la maladie de Raluca, le fait qu'on n'avait pas les moyens de construire notre propre maison en dehors de chez mes beaux-parents, que mes fils ne trouvaient pas de travail là-bas, et qu'à la fin le village a été inondé, on a cherché une solution en venant en France. J'ai fait ça pour le bien de mes enfants, et aujourd'hui de mes petits-enfants. Parce que ce sont eux, ma raison de vivre.

Robert, Adi et Raluca, les trois enfants de Gabriela, en Roumanie, années 2000.

III.

L'ARRIVÉE EN FRANCE

Comment se sont passés le départ et le voyage de votre village jusqu'en France?

Raluca avait un petit collier en or, qu'on a déposé chez un prêteur sur gages. Et puis on a fait un emprunt de 1000 euros à un Tsigane. On connaissait quelqu'un qui faisait le trajet entre la Roumanie et la France, et on est partis avec lui. On était nombreux dans le minibus : trois adultes et deux enfants devant, c'est-à-dire le conducteur, moi et ma belle-fille Lavinia avec les deux petits ; et derrière il y avait Raluca et son mari Roger, mon dernier fils Adi et deux autres enfants. On a payé 100 euros par personne. Le chauffeur ne s'arrêtait qu'aux endroits qu'il connaissait, c'était dur et long, surtout pour la nourriture et l'eau. On avait le petit, Alex, qui était né en décembre et qui avait à peine 3 mois, et aussi Raluca qui faisait ses crises… On a traversé comme ça la Roumanie, la Hongrie, la Slovénie, l'Italie et la France. Il fallait tenir les enfants dans les bras en permanence, c'était épuisant. Par moments on avait l'impression qu'on allait mourir tellement l'air était étouffant et le voyage interminable : trois longues journées au total. Je me souviens aussi que j'avais mis tout le linge sale du voyage dans une poche en plastique, le nôtre et celui des enfants, mais après une étape je me suis rendu compte qu'il avait disparu. Ça a été une grosse perte, ces vêtements, ils ont manqué une fois sur place. Franchement, personne ne ferait un voyage pareil dans ces conditions, si ce n'était pas à cause de la misère…

Mais il était légal, ce voyage ? Vous aviez le droit de traverser l'Europe pour vous installer en France ?

Bien sûr, on avait le droit de voyager comme on voulait et de venir ici, on avait nos pièces d'identité, et les enfants avaient leur passeport : on était parfaitement en règle. La Roumanie fait partie de l'Europe, on est des citoyens comme les autres, avec des papiers roumains… Mais c'est sûr que parce qu'on est roumains, on est toujours suspectés de tout pendant les trajets entre les deux pays. Par exemple avec une immatriculation roumaine, les gens de chez nous se font souvent arrêter, on vérifie leurs papiers, on leur fait sortir les bagages, on les fouille. Ça peut durer des heures. Que le trajet se fasse en voiture ou en bus c'est pareil, la police passe son temps à les contrôler. Mais comme ils sont en règle, et qu'ils ne font rien de mal, ils finissent toujours par repartir.

Tu te souviens de ton arrivée sur le campement à Toulouse, quand tu as découvert l'endroit, ce que tu as ressenti ?

Ce n'est pas quelque chose qu'on peut oublier, tu peux me croire… Comme le chauffeur connaissait ce camp, ici à Toulouse, et que mes fils habitaient déjà là, il a pu nous amener directement. Donc, on est arrivés à la Flambère le 26 mars 2011, à 3 heures du matin. J'ai cru que j'arrivais dans un autre monde. Comme quand tu marches dans l'obscurité, et que tu ne vois pas où tu vas : tu ne vois rien de ce qui t'entoure, tu avances sans savoir. J'étais complètement désorientée. Il n'y avait aucune lumière, même pas dans les caravanes. Les enfants savaient à quoi ressemblait un campement, mais moi je me faisais une idée sans vraiment savoir, sans avoir jamais vu. Un frère de Beri nous a tout de suite prêté une caravane, donc cette nuit-là on s'y est entassés, et on a dormi directement. J'étais inquiète d'avoir laissé ma maison derrière moi, de ce qui allait lui arriver, et le lendemain j'ai vu en plus le bazar que c'était, le campement. Je me suis même demandé si on avait eu raison de faire ça… On est restés là deux ou trois jours, avant que le propriétaire de la caravane ne revienne et qu'on aille dans une autre, complètement sale et délabrée. Les enfants sont allés mendier, et quand ils ont fini par faire 100 euros, on a acheté une caravane un peu mieux. Au début, avant que Robert ne rentre d'Espagne, on a partagé la même : les filles dormaient avec les filles, toutes les quatre sur la banquette du bas, et les garçons avec les garçons, en haut. Ça a duré presque tout l'été comme ça, jusqu'à ce que Raluca et Roger trouvent l'autre caravane qu'ils ont maintenant. Roger a mendié pendant trois ou quatre mois, et chaque jour il mettait un peu de côté pour une caravane. C'est un Arabe qui la leur a amenée. Il en voulait 100 euros, mais comme ils n'avaient pas l'argent, il a descendu le prix à 80 euros. Et puis le frère de Beri est parti, il a laissé sa caravane à Robert, Lavinia et les enfants, mais cette caravane-là est toute cassée et trop petite pour eux tous… Et quand Adi s'est marié, je lui ai acheté la sienne. J'ai mis 50 euros pour celle-là.

L'espace Schengen et le droit de libre circulation, remis en cause aujourd'hui [12]

Sur les 28 États membres de l'Union européenne, 26 sont membres de l'espace Schengen. Schengen est le nom du village luxembourgeois où l'accord fut signé en 1985 entre les cinq premiers membres de l'Union : la France, l'Allemagne de l'Ouest, la Belgique, les Pays-Bas, le Luxembourg. Trois États membres de l'Union (Chypre, Bulgarie, Roumanie) ne sont pas encore membres de l'espace Schengen, mais pour ces deux derniers États le processus d'adhésion est en cours depuis 2007. Des États associés non membres de l'U.E. appartiennent à l'espace Schengen : l'Islande, la Norvège, la Suisse et le Liechtenstein.

Les principes généraux en vigueur dans l'espace Schengen garantissent la libre circulation des personnes, au travers des dispositions suivantes :

- la délivrance de visas uniformes valables pour l'ensemble de l'espace Schengen,
- la suppression des contrôles aux frontières intérieures.

En effet, toute personne, ressortissante de l'Union européenne ou d'un pays tiers, qui est entrée sur le territoire de l'un des pays membres, peut franchir librement les frontières intérieures des autres pays et ce pendant une durée de trois mois.

Pourtant, suite à l'arrivée de milliers de migrants venant des Balkans et souhaitant entrer dans l'espace Schengen, aux attentats de Paris et à la tenue de la COP21 en novembre 2015, certains États

12 - Cf. sources documentaires en annexe.

membres ont décidé de rétablir des contrôles à leurs frontières. La France en fait partie, dans le contexte de l'état d'urgence qui a été décrété le 14 novembre 2015. Suite à ces mesures qui restreignent la liberté de circulation, on parle désormais d'une remise en cause de l'espace Schengen.

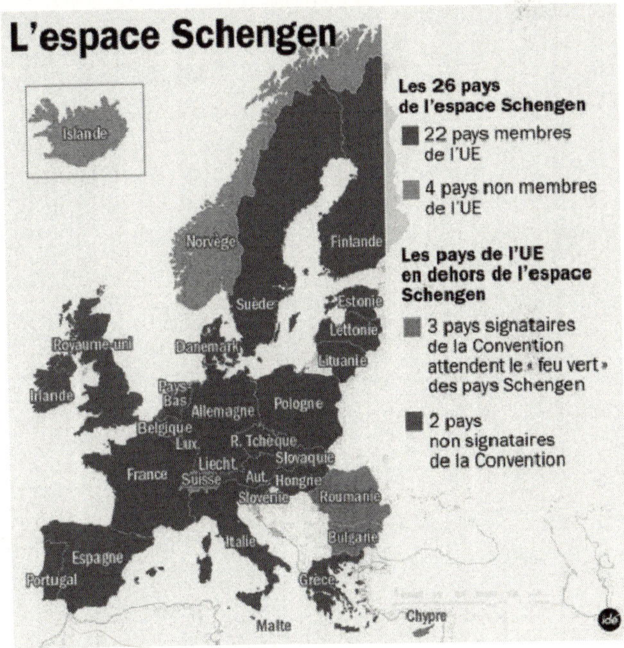

Les 26 États de l'espace Schengen
Source : www.euro-blogs.eu.

C'est dur comme environnement, mais on voit bien que vous vous organisez quand même sur le campement…

C'est obligé… Depuis qu'on est arrivés, il faut bien s'adapter, on n'a pas le choix. Alors on fait avec la situation, on avance, et on essaie de se construire notre vie ici, de trouver un équilibre et de passer chaque jour du mieux possible. Ici comme chez nous, on a l'habitude des règles, même si les gens pensent qu'on a tendance à ne pas respecter la loi et qu'on n'obéit à personne à part au roi des Tsiganes… Mais c'est des histoires, ça : en Roumanie on vit en démocratie, et notre chef c'est le président de la Roumanie ! Le roi des Tsiganes, moi, je ne sais même pas qui c'est… On avait aussi un maire quand on vivait au village, qui a été élu, un Tsigane d'ailleurs, un cousin de Beri. Alors ici, c'est pareil, chacun est responsable de lui-même et de ce qu'il fait, même si on n'a pas de chef sur le camp. Et il y a des règles de vie auxquelles il faut se plier, comme vivre calmement, proprement, et respecter ses voisins. Et puis on organise la vie quotidienne, c'est obligatoire pour arriver à vivre ensemble.

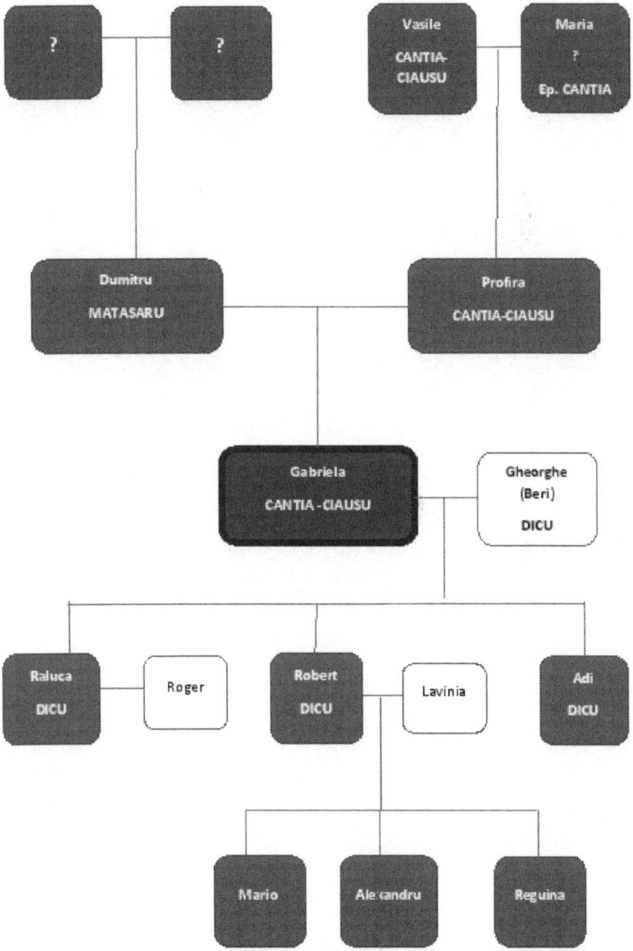

Arbre généalogique de Gabriela (reconstitué par Catherine Monnot)

L'organisation sociale des Tsiganes [13]

Le clan et la famille constituent les deux articulations majeures de l'organisation sociale des Tsiganes.

Le clan est une famille élargie, un groupe composé par l'alliance de plusieurs lignages, désigné sous le nom d'un ancêtre commun et dont les membres peuvent être dispersés dans plusieurs contrées. Passé une certaine taille, qui le met en situation de risques internes ou externes, le clan se scinde souvent.

La famille s'entend dans son sens le plus large. Parents et enfants mariés ou concubins continuent souvent à cohabiter. Frères et sœurs, cousins et cousines maintiennent toute leur vie des liens importants. La famille forme une entité spécifique et l'individu n'a de sens qu'en tant que membre d'un groupe familial élargi. L'autorité revient au père qui prend les décisions importantes de la vie quotidienne. L'enfant, très valorisé par la communauté, légitime le lien du couple et la première naissance donne à ses parents un statut d'adultes à part entière.Une communauté sans pouvoir central. Traditionnellement, les Tsiganes n'ont pas de gouvernement ni de « pouvoir » qui régissent leur vie sociale. L'idée qu'un ou des individus puissent représenter un groupe, et exercer une pression, leur est étrangère. L'autorité se fonde sur des notions morales d'honneur, de sens du devoir et des valeurs communes défendues par les tribunaux traditionnels. Cependant, cette organisation cohabite aujourd'hui avec les systèmes démocratique et judiciaire des pays où les communautés résident, et auxquels les Tsiganes participent de plus en plus activement.

13 - Cf. sources documentaires en annexe.

Femmes tziganes en Roumanie (2001)
Crédit photo Hélène Maire ; tous droits réservés.

Déjà, on s'occupe des caravanes. Avec le peu qu'il y a dedans, même si c'est vieux et qu'on l'a souvent récupéré dans la rue, on en prend soin du mieux possible, on l'entretient et on le nettoie malgré les conditions. Évidemment, ces caravanes, elles ne sont pas en très bon état : parfois elles roulent et on peut les tirer, mais pas toujours. Donc le plus souvent, une caravane qui est à un emplacement, elle y reste. Mais on ne choisit pas vraiment, ça dépend des places qui se libèrent. Et au final, c'est un peu partout pareil, même si, pour nous, je crois que c'est pire parce que, derrière la nôtre, il y a les toilettes en plastique. Les enfants y vont mais il n'y a pas de chasse d'eau et personne ne nettoie. Je ne sais pas pourquoi ils les ont mises aussi près des caravanes, ils n'ont pas fait attention aux gens en faisant ça, ils n'ont pas vraiment pensé à la façon dont on vit. Mais je ne bougerai pas, parce qu'il n'y a pas d'emplacement vraiment bien ailleurs sur le camp, et parce que je me suis habituée ici. Je ne peux pas choisir un autre endroit, et de toute façon je reste avec ma famille.

Comment ça se passe entre vous, sur le campement, dans ces conditions ? Ça crée des conflits ?

Pas vraiment en fait, parce que ici on est tous du même village, et on essaye de se regrouper par famille. On se connaît tous d'avant, du village, on parle tous la même langue et on a la même histoire. Donc on reste ensemble, entre gens du village et entre familles, parce que c'est plus facile comme ça.

Du coup, entre nous il n'y a pas de vrais soucis, seulement les enfants qui se disputent pour une chose ou pour une autre, mais entre les adultes ça va bien. Évidemment, parfois j'en ai assez du bruit, de la musique, du manque d'intimité, mais c'est la vie en collectivité, on n'y peut pas grand-chose. Et puis quand même, on aime faire les choses ensemble et généralement on s'entraide justement parce qu'on vient du même village. Par exemple, si un petit est malade, on va essayer de tous passer à l'hôpital pour le voir et le rassurer, pour lui tenir compagnie. On amène les enfants des autres à l'école ou chez le médecin, on se répare les voitures, ou bien on s'explique les papiers administratifs. Ce sont rarement des services financiers parce qu'on n'a pas d'argent, mais on s'aide autrement. Parfois il y a aussi des gens de l'extérieur qui passent au campement, des amis, des Roumains de passage qui cherchent un endroit pour dormir et manger. Pendant plusieurs années, on a même accueilli un Français, un marginal que mes fils ont pris en amitié et qui vivait dans la rue. Ils lui ont dit de venir ici, et il s'est installé en camionnette un peu à l'écart, même si, sur le coup, les gens d'ici ont eu peur et ont dit :

— *« On espère qu'il ne va pas nous faire de mal, et ne pas toucher à nos filles, parce que ce n'est pas quelqu'un d'ici. »*

Et en fait ça s'est bien passé, et tout le monde l'a accueilli. À la fin il était malade, il ne pouvait plus se faire à manger, alors tous les Tsiganes lui ont apporté ses repas à tour de rôle jusqu'à sa mort. Donc on se serre les coudes malgré notre situation, et on accueille aussi les gens dans le besoin, ou simplement les visiteurs comme toi ou les gens des associations.

Le camp de la Flambère [14]

Situé au fond d'une impasse à proximité de l'hôpital Purpan et de l'aéroport international de Blagnac, sur la commune de Toulouse, le camp de la Flambère accueille une cinquantaine de familles tsiganes roumaines, soit environ 250 personnes originaires de la région de Barbulesti (proche de Bucarest), dont une soixantaine d'enfants entre 6 et 12 ans.

Illicite lors de sa formation en 2008, cette installation fait aujourd'hui l'objet d'un accord entre la municipalité, la société propriétaire du terrain et les différentes associations en charge du suivi. Contrairement aux camps illicites, les habitants de la Flambère disposent donc d'un raccordement à l'électricité, d'un point d'eau et de conteneurs de collecte des ordures ménagères.

En 2014, on dénombrait au total sur l'agglomération toulousaine environ 1300 ressortissants roumains (80%) et bulgares (20%), dont plus de 500 mineurs (nés en France ou primoarrivants), répartis sur une quinzaine de campements.

14 - Cf. sources documentaires en annexe.

Du coup, à quoi ça ressemble une journée normale pour toi, ici ?

Le matin, nous, les femmes, on fait le ménage dedans, pendant que Beri fait le ménage dehors et qu'il balaie tout d'un bout à l'autre du camp. C'est organisé, parce que déjà que l'on vit dans une situation déplorable, si en plus on devait rester au milieu des poubelles jusqu'au cou, ce ne serait pas tenable… Et puis ça fait passer le temps, alors on balaie, on ramasse les poubelles. Mais moi ça me donne beaucoup de travail parce qu'il y a trois caravanes dont il faut que je m'occupe : je nettoie celle d'Adi, mon plus jeune fils qui est aujourd'hui séparé de sa femme, et puis j'aide Raluca qui est malade, et après la nôtre. Après ça, souvent c'est midi, l'heure de préparer à manger. D'abord les garçons, puis les filles. Moi, parfois je mange après, parce que j'ai le temps toute la journée. Après je ramasse, je fais la vaisselle, je balaie une nouvelle fois. Ensuite, ça dépend. Parfois il y a la lessive, qu'on fait à la main dans de grosses bassines qu'il faut d'abord aller remplir et ensuite transporter jusqu'à la caravane. Après on étend tout dehors ou dans la caravane, selon la saison. Et puis il y a le repassage, ou bien encore les chaussures des enfants à nettoyer. Et vient le soir et encore le repas à préparer, et le lendemain ça recommence. On travaille toute la journée.

Si je m'ennuie, ce n'est pas à cause de l'inactivité, mais parce que je ne peux jamais me reposer ou me changer les idées. Il n'y a jamais personne pour me remplacer et j'ai l'impression d'être abrutie de travail, mais de travailler pour rien, en plus. J'aimerais me poser un peu de temps à autre, mais je n'ai vraiment jamais de temps pour moi. Avec Raluca qui peut toujours tomber ou faire une crise, je suis toujours préoccupée de savoir où elle est, et ce qu'elle fait. Et c'est pareil avec les petits, il faut que je les surveille tout le temps parce qu'ils peuvent se faire mal ou faire des bêtises. J'ai toujours la tête ailleurs, et je n'ai jamais de temps. Par exemple, quand c'est le moment de se laver, je vais chercher l'eau à la pompe, je fais chauffer de l'eau pour Raluca, puis je vide la bassine et je la remplis à nouveau pour l'amener à Adi, puis la même chose pour Roger, puis pour Beri, puis pour moi, et après pour Mario, mon petit-fils qui dort avec moi… Après qu'ils se sont nettoyés, il faut leur amener des vêtements de rechange, puis nettoyer le sol derrière eux. Avec tout ça à faire, certains soirs je finis à 1 heure du matin. On pourrait croire que je ne suis pas obligée de faire tout ça pour tout le monde, mais c'est plus compliqué que ça. Je le fais pour m'occuper d'eux, qu'ils n'aient pas de soucis. Mon mari, évidemment, les petits pour aider ma belle-fille Lavinia, Adi parce qu'il n'a plus de femme… Avec Raluca c'est parce que je ne veux pas qu'elle touche au gaz ou qu'elle se balade avec de l'eau chaude, à cause de ses crises d'épilepsie. Et Roger c'est son mari, donc je veux qu'il soit bien, pour ne pas qu'il pense que nous lui manquons de respect.

Les caravanes du campement de la Flambère à Toulouse

Alors je suis tous les jours sur le campement, jamais je ne vais ailleurs. J'aimerais sortir et me promener mais je n'ai pas les moyens de faire ça. Je sors juste quelquefois faire les poubelles pour trouver des vêtements aux enfants, qu'ensuite je lave et je repasse, mais c'est tout. Je regarde un peu la télé en roumain, je me tiens au courant en regardant les informations de chez moi, mais c'est à peu près tout ce que je sais de l'extérieur. On m'a proposé de donner des cours de roumain à de petits Français, parce que je suis la seule ici à savoir aussi bien lire et écrire, mais finalement j'ai refusé parce qu'il fallait que je sorte du campement, alors que je ne peux pas laisser Raluca seule. Je regrette quand même parce que si ça avait été sur le campement, je l'aurais fait.

Il y a des journées différentes, qui sortent un peu de l'ordinaire et où vous faites un peu la fête par exemple?

Ce n'est plus comme c'était avant, chez nous, on n'organise plus les grands évènements comme il y en avait en Roumanie. D'abord, pourquoi j'inviterais des gens que je vois déjà tous les jours ? On vit ensemble ! Mais surtout, on ne s'invite pas trop les uns les autres parce qu'on n'a pas grand-chose à offrir. Si un voisin passe pendant le repas, on l'invite, mais on ne fait pas de fête parce qu'on n'a pas d'argent ni de belle maison pour faire ça. Quand tu n'as pas de quoi manger, quand tu n'as pas une bonne situation à montrer aux gens, tu ne les invites pas.

Et puis on n'a pas de pope, ni d'église pour les fêtes religieuses. Par exemple, on continue à fêter Noël, mais pas du tout comme chez nous parce qu'on ne peut plus faire toutes les cérémonies. On fait tout ce qu'on peut pour que les enfants aient un sapin, et on essaie de faire un bon repas, même dans nos conditions, mais il n'y a pas de messe, ni de procession ou de bougies comme avant. Et c'est pareil pour un peu tout le reste. Par exemple, pour les baptêmes, on ne fait plus grand-chose alors que normalement on organise tout bien à l'avance, on invite la famille et les amis, on dresse la table et on offre à boire… Ici on invite les voisins, mais on fait au plus juste. Et il n'y a rien de religieux pour ceux qui ont refusé de devenir évangélistes et qui sont restés orthodoxes comme nous. Et c'est pareil pour les enterrements : normalement on a un long rituel, qui dure plusieurs jours, où on invite beaucoup de monde et où on fait des cadeaux aux amis, aux voisins et aux proches du défunt. Mais autant dire que tout ça, c'est des choses qu'on ne fait plus du tout ici, parce qu'on est trop loin de chez nous, et qu'il n'y a plus la famille ni tout ce qu'il faut pour ce genre de cérémonies. Quand quelqu'un décède ici, simplement, on se cotise entre Tsiganes du même clan, dans toutes les villes, et on renvoie le corps au pays pour qu'il puisse être enterré correctement.

Les baptêmes, les enterrements, vous ne faites plus comme avant en Roumanie… et pour les mariages, c'est pareil, vous ne faites rien de particulier ?

Si, on fête quand même les mariages, en tout cas les familles qui peuvent offrir à manger et à boire. Alors là on rit et on pleure comme tout le monde, et on fait la cuisine, les hommes et les femmes ensemble. Dans ces cas-là, je mets une jolie robe et un beau foulard, je me coiffe et je me fais belle comme les autres femmes. Parce que malgré mon âge, et même si je vis comme on vit ici, j'essaie de faire encore attention à ça.

Et puis le mariage, c'est vraiment très important pour nous… C'est la règle, normalement tu fais un grand mariage pour tes enfants, comme j'ai fait pour mes deux aînés quand on était au pays. Par exemple, pour Robert j'ai commencé par lui trouver sa femme quand il a eu 16 ans, parce que tous ses cousins du même âge étaient mariés, c'était le seul célibataire. Donc je lui ai demandé s'il avait une copine, pour la prendre elle, et la lui ramener. Mais il n'avait personne, alors j'ai décidé de lui en chercher une. Parce que chez nous, un jeune qui reste célibataire et qui refuse de se marier, ça ne s'est jamais vu. À part les garçons qui ont des manières et qui ne cherchent pas à fréquenter les filles, mais eux on se doute que c'est à cause d'autre chose... Et même eux, leurs parents finissent généralement par les marier comme les autres.

Donc, pour moi ça devenait urgent de trouver quelqu'un à Robert. Et c'est vrai aussi qu'à ce moment-là je me disais que j'avais besoin d'une fille à la maison pour m'aider, parce que Raluca était malade. Mais avec le recul, je pense que c'était une erreur de choisir sa femme, parce que même si Lavinia est une belle-fille bien et que je m'entends bien avec elle, je pense que Robert aurait préféré avoir un peu plus de temps et choisir lui-même. Mais il était jeune, il n'y pensait pas, et à l'époque je pensais que c'était mieux pour tout le monde. J'ai fini par la trouver pendant un mariage de convertis évangélistes. Là, il y avait tout un groupe de filles, je l'ai vue et elle m'a parue bien. Sur le coup, j'en ai parlé à Robert en lui demandant juste comment il la trouvait, sans lui dire pourquoi. Il a dit qu'elle était un peu petite, mais j'ai décidé le lendemain d'aller demander sa main. Du coup, Robert n'a été mis au courant qu'après la demande en mariage…

Sur quoi tu t'es basée pour la choisir, elle en particulier ?

Elle était mignonne, petite, elle se portait bien. J'ai demandé à sa tante quel âge elle avait, et elle m'a dit que Lavinia avait 13 ans, alors je me suis dit qu'elle avait encore le temps de grandir. Mais en réalité Lavinia avait déjà 16 ans et elle est restée petite. Une grande fille aurait été plus jolie et plus présentable, bien sûr, mais je ne pouvais pas savoir, et à part ça elle avait l'air d'avoir les bonnes qualités. Je me suis renseignée sur elle et on m'a dit qu'elle était encore jeune fille. Parce que, nous, ce qu'on cherche chez une belle-fille, déjà c'est qu'elle plaise au garçon. Mais il faut aussi qu'elle soit forte et travailleuse, qu'elle sache faire à manger et s'occuper des enfants, comme toutes les filles doivent savoir le faire. Qu'elle s'habille bien, qu'elle soit propre, qu'elle se comporte de façon féminine. Et aussi que ce soit encore une jeune fille, c'est-à-dire que ce soit une fille vierge, pas une femme. Et dans l'idéal, ce que l'on préfère, c'est savoir qui elle est, d'où elle vient, avec qui elle a vécu et si elle est tranquille ou pas. Mais si on ne la connaît pas, on n'en sait rien. Alors pour Lavinia, en la choisissant sans vraiment la connaître, j'ai pris un risque même si on m'en avait dit du bien.

Une fois la fille choisie, comment se passe la demande en mariage ?

Pour Robert et Lavinia, il y a plusieurs familles de garçons qui ont averti la veille en disant qu'il y aurait des demandes en mariage faites le même jour. On a dressé tous ensemble une table dans la cour avec des choses à boire, et on a fait les demandes. Moi j'ai commencé à négocier avec le père, je lui ai dit que je trouvais sa fille bien et je lui ai demandé s'il me la laissait. Je lui ai dit qu'on était une famille bien et qu'il pouvait nous faire confiance. Donc j'ai fait la demande, et lui a demandé 1000 euros pour sa fille. Moi je lui ai dit :

— *« Ça fait beaucoup d'argent. Nous, on n'est pas encore allés en France, alors je ne les ai pas. Je te propose 15 millions de lei (300 euros). »*

Et finalement il a vu qu'on était une famille bien, il nous a fait confiance et il a donné son accord. Et nous on a payé le mariage en plus des 300 euros. C'est beaucoup moins que ce qu'on paye aujourd'hui, parce que c'était il y a 8 ans, il y avait moins d'argent à ce moment-là. Maintenant les Tsiganes vont en France, donc ils ont plus d'argent et ça peut monter jusqu'à 10000 ou 15000 euros, parfois plus selon la richesse de la famille et la beauté de leur fille. En négociant, en général, tu arrives à 2000 ou 3000 euros, surtout si les enfants sont déjà amoureux, ça facilite beaucoup les choses. Mais s'ils voient que la fille ne veut pas être avec ce garçon-là, alors ils restent sur le prix de départ, ce qui freine la demande en mariage ou l'annule tout simplement. Et enfin, si vraiment les deux familles ont peu d'argent et que les deux enfants sont d'accord, comme nous à l'époque, les parents de la fille vont dire :

— *« Alors tu vas faire un beau mariage pour eux, et tu vas lui acheter de beaux vêtements. »*

Chez d'autres Tsiganes, un clan à l'ouest de la Roumanie qui a pas mal d'argent, ils font l'inverse : ils achètent les garçons. Par exemple, une famille de la région de Timisoara a voulu acheter mon fils Adi. Mais moi je n'ai pas voulu, parce que je ne voulais pas qu'il parte et que chez nous ce n'est pas comme ça que l'on fait.

Comment se passe la fête du mariage elle-même ?

Ça se prépare à l'avance… Lavinia est venue à la maison quelque temps avant la cérémonie : elle est restée un peu avec Raluca et elle a fait le ménage avec elle, parce que, avant la demande en mariage, on ne la connaissait pas du tout. Ça a permis à tout le monde d'être sûr que les choses se passeraient bien après. Et puis habituellement, une semaine avant la fête, on monte des tentes dans le jardin, on repeint, on nettoie tout. Même les hommes aident, et on va acheter des boissons et préparer le porc pour les grillades et les plats traditionnels comme les *sarmale.*

Les enfants ne sont pas autorisés à aller à l'église ni à se marier à la mairie, donc comme les mariés avaient moins de 18 ans, on a fait le mariage à la maison. D'ailleurs, moi non plus je ne suis pas mariée à la mairie, ni aucun de mes enfants, à cause de l'âge. Mais ça n'empêche pas qu'après ça, la fête dure parfois trois jours et trois nuits, en fonction des moyens de la famille.

Évidemment, le premier soir, tout le monde te demande si la fille est vierge ou pas, alors on organise le « jeu du raki » : les jeunes dorment ensemble la première nuit, la mariée met une chemise de nuit blanche et le lendemain la chemise doit être tachée de sang. Et le lendemain on prend la chemise, on danse, on rassemble les musiciens, on fait venir toutes les filles du village et on montre la chemise tachée de sang. C'est un moment où on se montre et où on est fier. Au contraire, quand ça ne se passe pas normalement, c'est très mal vécu par tout le monde. Par exemple, ça ne s'est pas passé comme ça pour mon autre belle-fille, la femme de mon deuxième fils Adi. On était triste parce qu'on l'avait mise avec Adi pour qu'ils passent la nuit ensemble, et on a vu le matin que la chemise n'était pas tachée. Normalement, dans un cas comme ça, c'est très simple :

— *« Je te rends la fille, et tu me rends l'argent. »*

Du coup on a été à l'hôpital, mais le docteur a dit qu'elle était « élastique », c'est-à-dire qu'elle ne saignait pas mais qu'elle était encore vierge. Moi j'ai cru le médecin et on a décidé de la garder.

Ça m'étonne que tu trouves ça important, toi aussi, la virginité des filles… Tu n'étais plus vierge quand tu t'es mariée avec Beri, et pourtant ce n'était pas ta faute, et tu étais honnête et amoureuse de lui. Ça ne t'a pas empêchée d'être une bonne épouse…

Oui, je sais bien que ça peut paraître bizarre que j'attache autant d'importance au problème de la virginité, surtout dans la mesure où moi-même je n'étais plus vierge quand j'ai épousé Beri, et que j'en ai beaucoup souffert. Je sais bien ce que ça fait, ce que l'on ressent et je sais que ça ne m'a pas empêchée d'être sincère avec lui, ni d'être amoureuse de lui. Mais ce qu'il s'était passé avant lui, quand j'avais été violée, cet homme-là je ne l'aimais pas et ça n'a pas été fait avec de l'amour. Je ne pouvais pas être amoureuse de cet homme-là. C'est avec Beri que j'ai ouvert les yeux sur la vie, c'est avec lui que j'ai découvert l'amour. Et nous, ce qu'on espère pour nos fils en choisissant des filles vierges, c'est qu'elles n'auront pas eu d'histoire avant eux, avec d'autres garçons. Dans ce cas-là, tu sais que c'est avec ton fils que ta belle-fille va découvrir la vie. Du coup, il n'y a pas le risque qu'après deux ou trois mois avec lui, elle se mette à repenser à un autre garçon et à une autre histoire d'avant, qu'elle s'en aille pour retrouver son premier amour et que ton fils se retrouve seul et triste à nouveau.

Mais finalement, je sais bien que ça ne marche pas toujours puisque par exemple la femme d'Adi était vierge, une fille bien que j'avais choisie pour lui, et qu'elle l'a quand même abandonné au bout de quelques mois. On est allés la chercher en Roumanie, on a tout organisé, et ils se sont retrouvés là, à vivre ensemble à 14 ans alors qu'ils ne se connaissaient même pas. Alors je crois, quand je le vois aujourd'hui aussi malheureux, que s'il me présentait une fille dont il serait amoureux, je l'accepterais même si elle n'était plus vierge. Je n'irais pas contre lui.

Sans compter la perte d'argent… Pour elle, on avait payé avec l'argent de la prime au retour[15], quand elle existait. Environ 2500 euros, ce que tout le monde avait mis en commun pour marier Adi : Beri et moi, mais aussi son frère et sa sœur, son beau-frère et sa belle-soeur. De toute façon cette prime, on ne voulait pas s'en servir pour partir, puisque notre objectif c'était de faire notre vie en France… Mais on a tout perdu quand la fille est partie, et ses parents ne veulent rien rendre, ni la fille ni l'argent, et aujourd'hui je n'ai pas assez pour le remarier…

15 - Aide au retour : l'aide au retour mise en place en 2006 par Nicolas Sarkozy prévoyait la prise en charge par l'État du billet d'avion et des bagages, ainsi qu'une prime de 300 euros par adulte et 100 euros par enfant. Comparée au salaire moyen en Roumanie (356 euros au 1er janvier 2013), cette aide au retour a souvent été touchée mais détournée de son objectif en donnant lieu à des allers-retours de la part des bénéficiaires (environ 9000 Roumains ou Bulgares en 2011). Depuis Manuel Valls, l'aide au retour est aujourd'hui de 25 euros par enfant et 50 euros par adulte.

Ici en France, toutes ces histoires pour « acheter » les belles-filles, ça ne vous attire pas des ennuis avec la loi ? Parce que ici, ces mariages arrangés avec de l'argent, ça peut choquer…

Pour nous, bien marier nos enfants, c'est extrêmement important, c'est une question d'honneur, mais c'est aussi pour leur bien et celui de la famille. Alors on est prêts à sacrifier beaucoup de choses pour qu'ils fassent un bon mariage, parce que les enfants, la famille, c'est le plus important : on vit pour ça...

Mais c'est sûr que ce ne serait pas possible d'expliquer ça ici en France, ni d'aller à la police pour se plaindre de la perte d'argent, qu'est-ce qu'ils diraient ? Qu'on a fait du trafic d'êtres humains, ou je ne sais pas quoi... Du coup nous, en général, quand il se passe quelque chose comme ça, quand ça se passe mal, on va chez les « Bulibasi [16]» : on ne va pas au tribunal normal, mais au tribunal des Tsiganes. Si la fille est partie, on cherche à expliquer pourquoi, par exemple si elle était frappée, si le garçon ne s'occupait pas bien d'elle, etc. Dans le cas d'Adi, elle n'était pas frappée et il s'occupait bien d'elle et moi aussi. Il ne l'a jamais envoyée mendier et il était amoureux d'elle. Sa mère est juste venue la récupérer sans qu'on sache pourquoi, alors normalement elle nous devrait l'argent. Mais nous on n'est pas allés voir les « Bulibasi » parce qu'on n'avait pas les moyens de rentrer au pays. Il y en a bien en France, mais ils ne font pas partie de notre clan. Ils ne sont pas *Ursari*, donc on ne peut pas y aller. Et puis de toute façon, on n'aurait pas pu payer non plus l'organisation du conseil, parce qu'il faut indemniser les membres pour leur participation.

16 - Chefs traditionnels de la communauté.

Mais il y a aussi des mariages d'amour chez vous ?

Oui bien sûr, regarde Beri et moi, on s'est mariés malgré le fait que je n'étais plus vierge, que je n'étais pas du même clan et que ma famille n'avait pas du tout d'argent. Et aujourd'hui, je trouve que finalement, le mieux c'est vraiment quand les enfants sont amoureux, comme Raluca et Roger. Ils se connaissaient depuis longtemps en Roumanie, elle avait 16 ans et lui 19. J'ai commencé à le connaître et à accepter qu'il vienne passer du temps, même si je savais que lui et sa famille n'avaient pas beaucoup d'argent. Moi, si j'avais dû demander de l'argent sur Raluca, j'aurais demandé 10 000 euros parce que ça dépend beaucoup de la beauté de la fille, et qu'elle est vraiment belle : grande, mince, avec la peau claire. Et elle est bien élevée et sérieuse. Mais avec Raluca, le problème c'est qu'elle est malade et qu'elle a besoin de moi. Il y avait d'autres Tsiganes à cette époque qui voulaient me donner de l'argent pour elle, mais moi j'avais refusé pour ne pas qu'elle parte.

Et finalement, avant que quelque chose ne se fasse, Roger l'a prise : elle a vendu ses boucles d'oreilles et ils se sont enfuis ensemble. Bien sûr, quand ils sont revenus, c'était trop tard. Elle n'était plus vierge, elle était à lui. Mais j'ai vu que c'était un garçon qui pouvait s'occuper d'elle, et surtout qu'il était d'accord pour rester dans notre famille, alors on a payé le repas et on a acheté une belle robe rose pour elle, son costume à lui, et les robes pour toutes les jeunes filles. Et on a fait le mariage dans la cour, autour de belles tables avec tout ce qu'il fallait à manger.

Si tu compares, tu dirais que les Tsiganes font différemment des Roumains pour les mariages ? Leurs familles fonctionnent comment, par rapport aux vôtres ?

Les Roumains ce n'est pas pareil, ils font les choses plus officiellement, parce qu'ils vont décider de se marier à la mairie et que la femme prend le nom de son mari. Puis quand ils décident de divorcer, il suffit d'un bout de papier et ils partagent tout ce qu'ils ont eu ensemble. Alors que nous, comme on ne se marie pas à la mairie, la femme garde son nom de jeune fille, comme moi. Donc chez nous c'est différent, et finalement ce qui nous lie vraiment, c'est les enfants. Évidemment, si tu vas voir ailleurs et si tu veux te séparer, c'est ton affaire, ta responsabilité, tu as le droit. Mais en fait, une fois qu'il y a des enfants, une fois qu'on forme une famille, on règle ces problèmes-là en famille. Parce que nous, quoi qu'il arrive, il faut qu'on s'occupe des enfants. Par exemple, si mon mari décide de partir avec quelqu'un d'autre, il lui suffit de prendre toutes ses affaires, et ça voudra dire qu'il est marié avec l'autre. Si c'est moi qui fais une bêtise, c'est moi qui pars et je le laisse avec les enfants. Mais quand même, si c'est lui qui a fait une bêtise, moi je ne peux pas l'obliger à partir… Mais c'est rare que ça arrive jusque-là. Les vrais divorces chez nous, on ne les voit que chez les grands chanteurs tsiganes, à la télé, ou chez les gens du clan des Aurari[17], parce qu'ils ont des maisons et des richesses. Mais chez nous, ça ne se passe pas comme ça. Et même les simples séparations, ça n'arrive pas souvent parce que les Tsiganes tiennent beaucoup à la famille. Mais si ça arrive, il faut ensuite discuter de la garde des enfants.

17 - Clan dit « de l'or ».

Raluca et Roger, le jour de leur mariage.

Comment ça se passe pour les enfants quand les couples sont séparés ?

Lorsque ça se passe à la campagne, et que les deux familles vivent à proximité, le problème est plus facile à gérer : les enfants peuvent dormir là où ils veulent, ou bien une semaine chez l'un ou chez l'autre. Mais rien de formel, rien d'obligatoire… C'est selon l'envie des enfants eux-mêmes. Par exemple, tous les soirs je demande à Mario avec qui il veut dormir, et il décide de dormir avec moi parce qu'il est très attaché à moi. Mais Alex, qui a deux ans et demi, il préfère dormir avec sa mère, et il fait comme il veut. On ne peut pas obliger un enfant pour ces choses-là, on ne peut pas le forcer à vivre quelque part, ou bien on le rend malade. Et puis, tout petit, un enfant préfère être avec sa mère en général. Alors, pour ces choses-là, on décide entre les grands-parents des deux côtés, et avec l'avis des parents.

Donc en général, si les enfants sont dans la même communauté, ce sont tous les grands-parents qui vont s'occuper des petits-enfants, en alternant. Moi quand j'étais petite et que mes parents se sont séparés, c'était seulement ma grand-mère maternelle qui s'occupait de moi, mais parce qu'il n'y avait personne de l'autre côté. Et ce serait pareil si par exemple Lavinia quittait mon fils Robert : ses parents à elle sont toujours en Roumanie, alors les petits n'auraient que nous. Et comme de toute façon chez les Tsiganes c'est la belle-fille qui part vivre dans la famille de son mari, c'est plutôt aux grands-parents paternels de décider. Donc à moi et à Beri. Mais ça dépend aussi des conditions de vie : si la mère a un meilleur logement ou davantage d'argent que le mari, les enfants pourront aller chez la mère. Et enfin, ça dépend de l'âge des parents : s'ils ont 25 ans, qu'ils sont adultes, on peut les laisser s'entendre, et par exemple la mère gardera la fille et le père gardera le fils. Mais s'ils sont plus jeunes, les grands-parents décident pour eux. Moi j'avoue que même si Robert, qui est adulte, décidait que Lavinia peut partir avec tous les enfants, je ne les laisserais pas faire. Et c'est moi qui aurais gain de cause, parce que ce sont les grands-mères qui décident de ces choses-là.

Mais, c'est peut-être justement parce que chez nous on vit très mal d'être séparé des enfants, qu'on évite au maximum d'en arriver là.

Pour quelles raisons les couples se séparent alors, si c'est aussi exceptionnel, et que souvent le mari ou la femme revient à la maison après une aventure ?

Une cause de séparation quand même, plutôt que l'adultère, c'est le fait de ne pas avoir d'enfant. Les couples stériles, souvent, finissent pas se séparer. Et finalement, ceux à qui c'est arrivé au village ont souvent eu des enfants ensuite chacun de leur côté. En fait, ne pas réussir à avoir d'enfant, c'était le signe que ça n'allait pas entre eux. Mais évidemment, être stérile chez nous ce n'est pas toujours facile à vivre, parce qu'il y a des mauvaises langues qui disent parfois :

— *« Regarde celle-là qui est sèche ! »*

Alors même si les femmes, qui n'arrivent pas à avoir d'enfant, ne sont pas spécialement mises à l'écart, ce n'est pas simple non plus…

Par contre, ce n'est pas pareil de ne pas pouvoir avoir d'enfant et de ne pas en vouloir… Ça vraiment, ne pas vouloir d'enfant, c'est très mal accepté. Si j'avais une belle-fille qui ne faisait qu'avorter, eh bien j'irais la voir et je lui dirais de partir.

Ça arrive parfois. Par exemple si une fille se marie, mais qu'il n'y a pas de bonnes conditions de vie dans la famille du mari, les parents de la fille vont garder un œil dessus, et si ça ne s'arrange pas alors qu'elle tombe enceinte, elle va aller avorter. Et si ça s'arrange et qu'elle s'adapte bien, elle gardera le suivant, autrement ils se sépareront.

Et si vous n'avez pas d'enfant, vous pouvez adopter ? Parce que ici, en France, les journaux parlent parfois d'histoires autour d'enfants tsiganes que vous achèteriez entre vous...

Bien sûr, chez nous aussi on peut adopter. D'ailleurs, j'ai déjà parlé de cette idée à Raluca qui ne peut pas avoir d'enfant à cause des médicaments qu'elle prend pour sa maladie. Mais elle a répondu qu'elle avait déjà ses neveux, qu'elle n'avait pas besoin de faire ça. Et c'est vrai qu'elle s'en occupe beaucoup. Par exemple Mario, l'aîné de mes petits-enfants, elle n'a été séparée de lui qu'un seul jour depuis sa naissance. Elle vit son rôle de mère à travers eux. Mais en Roumanie, c'est une démarche normale d'adopter : on va à l'orphelinat et ils vérifient qu'on vit dans les conditions suffisantes pour accueillir un enfant. Après ça, on peut adopter des enfants, mais ça passe quand même par l'orphelinat ou l'hôpital. Simplement, on peut connaître les parents parce qu'on est du même village ou du même clan, et qu'on sait qu'ils ont abandonné leurs enfants. Mais c'est une démarche très encadrée, alors il ne faut pas croire que chez nous on achète les enfants... Même si c'est déjà arrivé que certains fassent une chose aussi grave, à cause de la misère, normalement les enfants on les adopte, comme tout le monde, parce qu'on respecte la loi comme dans n'importe quelle communauté.

Ici au campement, ou dans votre village en Roumanie, c'est déjà arrivé que des familles de votre clan adoptent des enfants ?

Oui, c'est arrivé quand on était en Roumanie, mais à l'inverse, dans notre clan personne n'accepterait d'abandonner un enfant, ni de le mettre à l'adoption. Ailleurs chez d'autres Tsiganes, ou chez des Roumains, ça pourrait arriver, mais pas chez nous. Dans mon orphelinat, quand j'étais petite, la majorité des orphelins étaient roumains, et même s'il y avait des Tsiganes, ils étaient surtout roumanisés. Chez les Ursari par contre, on ne donne pas un enfant qu'on a porté neuf mois dans son ventre. Par exemple Mario, même si c'est mon petit-fils et pas mon fils, comment est-ce que je pourrais imaginer être ici et lui ailleurs, que je lui manque et qu'il me manque ? Moi, je n'ai jamais vu ça en près de trente ans… Et même ici, même dans les conditions dans lesquelles on vit, eh bien le peu qu'on a, on le donne aux enfants, le meilleur on le leur met dans la bouche parce qu'on s'occupe d'eux du mieux qu'on peut. De façon générale, les Tsiganes donnent beaucoup plus d'affection aux enfants, il y a un lien très fort avec eux. Par exemple, ici j'ai mes trois enfants avec moi, on est tous ensemble, alors que chez les Roumains, quand un enfant devient adulte, les parents lui disent qu'il est en âge de se prendre en charge et qu'il est temps qu'il se débrouille tout seul. Il y a un proverbe chez eux qui dit :

— *« Prends la route à ton pied et la vie dans ta poitrine. »*

Alors leurs enfants s'en vont. Mais nous non, on reste ensemble. Et donc, avec mes enfants qui n'ont pas de travail, eh bien le pain qu'on a, on le partage en autant de morceaux qu'il le faut.

Finalement, avec la vie difficile que vous menez ici, tu continues à penser que les choses sont vraiment plus faciles ici, en France ? Quels avantages avez-vous en vivant ici par rapport à la Roumanie ?

On est pauvres, c'est sûr. Par exemple, pour manger, on voit chacun l'argent que l'on a, quelques euros à droite et à gauche. On met tout en commun, et on va acheter ce qu'on peut avec. Avant, parfois, l'association[18] qui s'occupe du camp ramenait de quoi manger, comme des pommes de terre et de l'huile, mais depuis un an il n'y a plus rien. À la fin, ça fait qu'il y a des jours où l'on n'a même pas de quoi acheter du pain, et d'autres jours où ça va à peu près.

Finalement la pauvreté en France et en Roumanie, ce n'est pas la même chose. Ici, sous certains aspects, la vie est plus facile pour nous : les gens peuvent mendier et ramener quelques euros, et sur le campement, on a l'électricité gratuite alors qu'en Roumanie le gaz était payant. Donc on peut se chauffer l'hiver et faire à manger. Et surtout, la grande différence, c'est qu'en Roumanie, tous les médicaments sont payants, donc déjà le peu qu'on gagnait, on le passait dans les médicaments, et on ne pouvait pas avoir certaines consultations à cause de leur prix. Ici, c'est gratuit et ils s'occupent bien de toi à l'hôpital, ils sont patients et ils essaient de te comprendre malgré le problème de la langue. On est bien pris en charge, même si on est roumains, et même si on est tsiganes. Moi par exemple, j'ai l'A.M.E., l'aide médicale d'État[19], avec une carte, mon nom et ma photo. Et grâce à ça, j'ai

18 - « Flambère Action Médiation », l'une des associations qui accompagnent et représentent les habitants du campement auprès de la ville de Toulouse.

19 - A.M.E : l'Aide médicale de l'État est destinée à permettre l'accès aux soins des personnes en situation irrégulière, au regard de la réglementation française sur le séjour en France. Elle est attribuée sous conditions de résidence et de ressources.

une consultation, la prescription et les médicaments gratuitement. Et puis sur le camp, il y a *Médecins du monde* qui nous aide. Par exemple, pour les filles qui tombent enceintes, c'est eux qui prennent les rendez-vous, demandent les analyses, et les aident dans toutes les démarches.

Mais à part ça, on n'a vraiment pas grand-chose, et encore moins pour ceux qui sont restés au pays. La seule chose qu'on peut faire pour les aider, quand l'un d'entre nous fait un aller-retour en Roumanie, c'est de remplir la voiture avec des choses qu'on a trouvées ici, dans les poubelles. Un réchaud, des vêtements pour les enfants, des casseroles, un tapis… On fait une collecte sur le campement, et on envoie aux familles ce qui est encore en bon état. Mais il ne faut pas croire qu'ils les vendent là-bas, même pas. Tout est dépareillé et pas assez bien pour être vendu. Qui irait acheter des choses sorties des poubelles ? Pas plus les Roumains que les autres, et pas plus les Tsiganes que les autres… Mais c'est tout ce qu'on peut apporter aux familles, tout ce qu'on peut leur offrir grâce à notre vie en France, alors on les leur envoie quand même.

Parfois on entend dire par certains que c'est normal pour vous de vivre comme ça, dans les conditions de vie du camp, que c'est votre culture et que finalement ça vous convient bien. Tu as déjà entendu des choses comme ça dites sur vous ?

Oui bien sûr, et je sais bien ce qui se dit sur nous, tout ce que les gens pensent des Tsiganes en général, et en particulier de ceux qui vivent comme nous sur les camps… D'ailleurs, ici en France, même si le mot moderne c'est « Rom » et qu'on n'a pas honte de ce que l'on est, on préfère dire plus simplement qu'on est des Roumains. Mais il faudrait que les gens arrêtent de nous considérer aussi mal, de dire qu'on est sales par exemple, et de penser qu'on est contents de vivre comme on vit ici sur le campement. Ils se trompent… Déjà, le cliché du Tsigane qui vit dans des caravanes, c'est faux ! En Roumanie on vivait dans une maison en dur, même si elle était trop petite pour nous tous et pas très confortable. Mais je n'avais jamais vécu en caravane avant ici. Et je n'avais jamais vécu non plus dans des conditions d'hygiène pareilles. Il suffit de regarder autour de soi quand on arrive ici… Pour nous non plus ce n'est pas normal, mais on ne peut rien y faire. Et qui ne voudrait pas vivre dans des conditions normales ? Le matin, pouvoir prendre une douche, le petit-déjeuner et aller au travail... Ici, il faut se laver dans une bassine dans la caravane, chacun à son tour, même en hiver. Moi je fais mes besoins dans un trou que j'ai creusé dans le sol, et les autres font un peu partout, là où ils trouvent. Maintenant il y a des toilettes en plastique, mais il n'y a pas d'eau et c'est très sale, parce que la mairie vient laver une fois par mois, parfois moins. Finalement, ce n'est qu'une autre source de saleté. C'est encore pire, parce que avant les toilettes, les Tsiganes avaient l'habitude d'aller beaucoup plus loin. Maintenant ils font à cet endroit-là, mais elles ont été mises à côté du point d'eau, et rien n'est désinfecté…

Alors, plutôt que ce que les gens pensent savoir sur nous, la réalité c'est que l'on vit dans des conditions très dures et que l'on est rongés par ça, en colère, comme n'importe qui d'autre le serait à notre place. Vivre au milieu de tout ça, en ayant l'impression qu'on ne va jamais s'en sortir, c'est vraiment très stressant. On fait tout pour entrer dans le rang comme tout le monde, mais on ne sait pas comment, parce qu'on n'a pas les moyens de rentrer dans la société.

L'entrée du campement de la Flambère à Toulouse.
Sur la pancarte, il est écrit :
Commune de Barbulesti, Comté de Ialomita, ville de Toulouse.

Qu'est-ce qu'il vous faudrait, de ton point de vue, pour améliorer votre situation sur le camp?

La première chose, c'est qu'on n'a pas de travail pour gagner correctement notre vie. Chez nous aussi, c'était très dur de ce point de vue-là et c'est en partie pour ça que nous sommes partis. Par exemple, en Roumanie, s'il y a un travail, ce n'est pas un Tsigane qui va avoir le poste, parce que les Roumains disent qu'on vole et qu'on fait des bêtises. Ici, en France, mes fils sont inscrits à Pôle emploi, et ils y vont comme ils peuvent, à pied ou à vélo, mais ils y vont. Et ils seraient prêts à faire le travail dur que les Français ne veulent pas faire : le bâtiment, balayer les rues, nettoyer les jardins. Mais à Pôle emploi, ils aiment que tu dises que tu as une formation, que tu es déjà spécialisé dans quelque chose, et ce n'est pas leur cas. Alors rien n'arrive, même s'ils n'arrêtent pas de dire qu'ils peuvent accepter n'importe quel travail, qu'ils peuvent tout faire et qu'ils sont en bonne santé.

Beri lui, il fait le tour des poubelles, et il essaie de trouver de la ferraille. Il la rapporte, il fait un tas pour Américafer, une entreprise d'ici qui achète au kilo et vient charger avec une grue. On ne cherche pas de cuivre mais plutôt des choses en métal comme des tables, des frigos, des machines à laver, mais du coup ce n'est pas une grosse activité, ça ne rapporte pas assez. En général, Beri vend la ferraille tous les deux ou trois mois, et il reçoit 200 ou 300 euros. Parfois aussi, il y a des Français qui viennent sur le camp pour embaucher les jeunes sur un chantier, à porter des sacs de ciment. Ou pour un déménagement, ils viennent chercher trois ou quatre garçons pour la journée, ou juste deux ou trois heures. Mais rien n'est déclaré, c'est mal payé, et c'est rare de toute façon.

Et parfois même, contrairement à ce qu'on pense, c'est nous qui sommes volés par ceux qui devraient nous payer pour notre travail…

Par exemple, cet automne il y a quelqu'un qui est venu chercher des jeunes pour faire les vendanges. Il les a emmenés à la campagne et les a fait dormir sur des matelas dans la remorque d'un camion. Ils ont travaillé du dimanche au vendredi, sans pouvoir se laver ou se changer, en mangeant froid, quasiment rien. Et finalement il ne les a pas payés... Il leur a proposé de rester une semaine de plus, mais ils ont refusé de continuer à travailler dans ces conditions, sans savoir s'ils allaient recevoir ce qui avait été promis. Alors ils sont tous partis à pied, en pleine campagne. Il y en a un qui nous a appelés, on s'est cotisés pour mettre de l'essence dans un des camions, et on a fini par les retrouver au milieu de nulle part, dans un état lamentable. Des histoires comme ça peuvent facilement nous arriver parce qu'on ne connaît personne ici, on ne sait pas qui est sérieux ou pas, avec qui travailler. Et après, où se plaindre quand on est tsigane ? Il n'y a personne pour nous protéger quand quelque chose comme ça nous arrive. Et on a peur d'avoir encore plus d'ennuis, alors on n'ose pas se plaindre.

Tu me dis que les Roumains pensent que les Roms volent et font des bêtises... Ici en France, la plupart des gens imaginent rarement que vous travaillez, ils ne voient finalement que les Tsiganes qui mendient aux carrefours pendant qu'eux sont coincés dans les bouchons pour partir faire une longue journée de travail... Alors certains disent que pour vous, c'est une solution de facilité, parce que vous ne voulez pas faire les mêmes efforts qu'eux pour gagner votre vie...

Oui, en arrivant ici, les Roms sont obligés de mendier, c'est vrai, mais ce que l'on veut nous, en réalité, c'est du travail, tout simplement.

Parce qu'à qui cela conviendrait-il de mendier pendant des heures, du matin au soir, pour deux ou trois euros la journée? À peine de quoi ramener un pain… Et en se faisant insulter et cracher dessus. Souvent les gens te traitent de tout au feu rouge, certains font mine de t'écraser, ou ils te disent d'aller travailler, ou de retourner dans ton pays. Les hommes ne peuvent même plus laver les pare-brise parce qu'ils se font menacer et parfois frapper. Alors il n'y a plus que deux ou trois filles qui y vont, mais elles se retrouvent avec des hommes qui leur font de mauvais gestes, qui leur parlent mal, avec des mots sales, et les touchent n'importe où en leur proposant d'aller faire l'amour. Et en plus, tu ne peux rien dire, parce que si tu t'engueules avec quelqu'un dans la rue, tu risques de te faire arrêter et expulser… De toute façon, la police t'interdit de mendier, alors tu te retrouves obligé de courir quand tu les vois arriver et ils finissent par te mettre une OQTF[20] quand ils arrivent à t'attraper. Tu pars en Roumanie, et puis tu t'endettes à nouveau pour revenir retrouver ta famille… Moi, ça ne m'est jamais arrivé parce que je ne sors presque pas du camp, donc il ne m'arrive rien, mais c'est arrivé à beaucoup de jeunes qui cherchaient juste à ramener de quoi manger.

Alors, évidemment que pour sortir de cette misère on préférerait avoir un travail normal, huit heures par jour, avec de bons vêtements et des collègues avec qui discuter. Rencontrer des non-Tsiganes et sortir du camp, on ne demande que ça. Moi je voudrais me faire des amis, mais

20 - L'obligation de quitter le territoire français (OQTF) est une mesure administrative d'éloignement des étrangers sans titre de séjour, en droit français, prévue par l'article L. 511-1 du code de l'entrée et du séjour des étrangers et du droit d'asile. L'entrée dans la citoyenneté européenne en 2014 pour les Roumains et les Bulgares ne signifie pas la fin des expulsions, qui touchent les personnes ne pouvant démontrer qu'elles réunissent les deux conditions exigées pour prétendre à un droit de séjour : ressources financières suffisantes et assurance maladie.

comment veux-tu connaître les gens quand tu mendies ? Les gens ne te parlent pas dans ces conditions, ils ne veulent pas savoir qui tu es en réalité. Ils ne voient qu'un mendiant, et rien d'autre, et ils ne se rendent pas compte à quel point on se sent mal de faire ça. Ils croient que c'est normal pour nous de gagner notre vie comme ça, que c'est notre façon de vivre, mais ça ne l'est pour personne. C'est juste le dernier recours quand on n'a pas d'autre solution pour manger et faire manger les enfants, alors qu'on voudrait vivre et être considéré comme tout le monde. On voudrait juste pouvoir regarder les gens droit dans les yeux, et non plus seulement se faire regarder de haut tout le temps.

Tu me dis que tu sais ce que les gens pensent des Roms, alors tu dois savoir ce qui se dit parfois sur les étrangers, et notamment les Roms, qui viendraient vivre en France pour toucher les allocations logement et les allocations familiales ? Vous ici, vous les touchez ces allocations ?

Je ne vais pas te dire qu'on n'aimerait pas recevoir les allocations logement pour vivre simplement dans des conditions décentes, mais tu n'as qu'à regarder autour de toi pour te rendre compte que ce n'est pas du tout le cas… Et puis les gens croient aussi que l'on reçoit les allocations familiales et que l'on vit grâce à ça, que l'on a droit à la même Sécurité sociale et aux mêmes avantages que les Français, mais ça non plus ce n'est pas vrai. Nos enfants ne reçoivent pas d'allocation. On ne reçoit qu'une aide s'ils sont scolarisés, de 150 euros tous les trois mois. Et pour avoir la Sécurité sociale, il faut avoir des fiches de paye, pour ouvrir des droits, avec des revenus déclarés et un contrat de travail. On connaît un Tsigane qui est autoentrepreneur depuis deux ans, mais même pour lui ça a été un parcours du combattant. Avec ses déclarations de ressources et ses cotisations payées, il a fallu qu'il attende un an entre la demande et le début de la Sécurité sociale, avec beaucoup de relances de l'association qui s'occupe de nous, et encore plusieurs mois avant d'avoir la carte Vitale. Et de toute façon, la carte Vitale ça ne donne pas non plus droit aux allocations, c'est juste la preuve que l'on travaille de façon régulière en France. Ça ne suffit pas. Et de toute façon, pour tous les autres, tant que tu as l'A.M.E., l'aide médicale pour les étrangers, tu n'as pas droit aux allocations. C'est comme ça.

Et c'est pareil pour les aides au handicap : le médecin de Raluca nous a dit de déposer un dossier pour elle à la M.D.P.H.[21], et ils lui ont reconnu un handicap entre 50% et 80%. Avec ça, ils nous ont dit de déposer un dossier à la Caisse d'allocations familiales, et une fois à la CAF, ils nous ont demandé les trois dernières déclarations de revenus, qu'on a données. Et puis ils nous ont demandé la carte Vitale, mais ça on ne l'a pas puisqu'on est étrangers et qu'on ne travaille pas. Le médecin dit que ce n'est pas normal parce qu'on est européens, et qu'on a droit à l'allocation pour le handicap[22]. Mais en fait ça bloque, et personne ne comprend pourquoi, personne n'en sait rien. Et c'est sans fin.

---

21 - Maison départementale des personnes handicapées.

22 - Le ministère des Affaires sociales, de la Santé et des Droits des femmes, mentionne que « pour les ressortissants de l'EEE (Espace Économique Européen), le droit à l'allocation aux adultes handicapés est subordonné à une condition de résidence en France durant les trois mois précédant la demande ». Cependant, la situation des ressortissants(es) roumains(es) peut être sujette à interprétation puisque le texte précise que « les ressortissants des États membres de l'U.E. et de l'EEE venus en France pour y chercher un emploi et qui s'y maintiennent à ce titre ne peuvent bénéficier de l'AAH ».
source : http://www.circulaires.gouv.fr/pdf/2011/10/cir_33982.pdf

Il y a les clichés des Tsiganes qui mendient et qui viennent en France pour les allocations, qu'est-ce qu'on raconte d'autre sur vous, les Roms, quelles sont les idées reçues que tu as déjà entendues ?

Les gens disent aussi que les filles de chez nous se prostituent, mais je garantis qu'ici, sur le campement, il n'y en a aucune qui fait ça, aucune de notre village. Pour nous ce n'est pas pensable, surtout ici où tout le monde se connaît et où tout le monde sait ce que fait son voisin du matin au soir. Ce serait un trop grand déshonneur pour les familles qu'une de nos filles fasse ça.

On raconte d'autres choses sur nous dans le même genre, comme quoi on ne met pas les enfants à l'école. Mais en réalité, en Roumanie, on ne va qu'au collège parce que après il faut aller en ville, au lycée. Et là il faut payer le transport, le logement, ça coûte de l'argent. C'est pour ça que le plus souvent nos enfants ne continuent pas leurs études chez nous, parce qu'on n'a pas les moyens pour ça. Mais ici, en France, on les amène à l'école maternelle et au primaire tous les matins. On se débrouille, on prend la voiture d'un qui a de l'essence, et on met plein d'enfants dedans, comme du bétail, pour qu'ils aillent à l'école comme les autres. Mais même si l'école est gratuite pour les petits, ça coûte cher quand même, et bien sûr ça pose des problèmes. Par exemple mon petit-fils Mario a raté la rentrée scolaire en septembre, parce qu'il n'avait pas de chaussures et qu'on n'avait pas pu lui faire couper les cheveux. Il a pleuré toute la journée parce qu'il voulait y aller et voir ses amis. Le deuxième jour, Beri a trouvé un peu d'argent, alors on lui a acheté des chaussures, on lui a payé le coiffeur, on lui a mis un beau tee-shirt qu'une famille française nous avait donné, et comme ça il est parti à l'école. Il était très heureux d'y aller, il est même revenu avec un cahier où il avait dessiné des cœurs pour moi. Ça lui plaît beaucoup. Maintenant ce qui manque c'est le cartable, parce qu'il a plein de cahiers et de livres au CE1.

En fait, on manque de beaucoup de choses pour que nos enfants réussissent à l'école : de pouvoir bien les nourrir le matin avant de partir, de quoi les habiller correctement, de matériel scolaire, d'un endroit pour faire les devoirs, ou même juste d'un sol sans boue et sans flaque pour ne pas qu'ils salissent tout le temps leurs vêtements et attrapent froid dès qu'ils sortent. Mais on espère quand même le meilleur pour eux, comme tous les parents et tous les grands-parents. Moi parfois, quand je regarde ma petite-fille Regina, qui est née en France et qui est encore un petit bébé, je me dis que ce sera peut-être un jour une grande actrice française, une star que tout le monde admirera. Et mes petits-fils qui sont plus grands, j'espère qu'ils vont faire des études, avoir un bon avenir, un bon métier, et non pas la vie que l'on mène ici aujourd'hui.

Finalement, qu'est-ce que tu aimerais que les Français qui liront ce livre retiennent de toi, de ta famille, et des Roms qui vivent en France?

Tu sais, il n'y a pas que les Français qui pensent du mal de nous : même les Roms qui sont ici depuis plus longtemps que nous et qui vivent dans de vrais appartements nous méprisent. Alors, je voudrais changer l'opinion de tout le monde sur les Roms en général, mais surtout sur les Roms qui vivent comme nous sur des campements. Simplement, je voudrais qu'ils comprennent ce dicton de chez nous qui dit que *« dans toute forêt, il y a toujours un arbre mort et un arbre sec »*… Ça veut dire qu'on trouve toujours des gens mauvais dans un groupe, mais que ça ne veut rien dire sur les autres…

On vit avec tous ces clichés sur nous, comme quoi les Tsiganes sont des fainéants, ou bien encore des menteurs et des voleurs. Pourtant, malgré tous nos problèmes de travail et d'argent, c'est très rare que l'on voit la police ici, parce que tout le monde se tient tranquille et qu'on ne pose pas de problèmes. Les gens pensent qu'on n'aime pas travailler et qu'on préfère voler, mais ici sur notre campement, nos hommes ne volent pas parce qu'on sait que, pour une simple petite chose volée à Carrefour, on peut finir en prison. Nos hommes à nous, je le répète, ils vont à Pôle emploi et ils cherchent du travail. Deux de mes neveux ont déjà trouvé du travail ici, et j'espère que bientôt ce sera le tour de mes fils et de mon mari.

Et comme je t'ai dit, nous aussi nous devons faire avec des gens qui s'en prennent à nous, qui nous insultent, nous escroquent ou font du mal à nos filles. Finalement, ça montre juste que des gens fous, méchants ou malhonnêtes, il y en a dans n'importe quel peuple, chez les Tsiganes comme chez les autres : « *Dans toute forêt, il y a toujours un arbre mort et un arbre sec…* »

Et nous, ici, c'est certain, on vit de façon misérable mais on ne demande qu'à rester tranquilles en étant traités comme tout le monde.

Si tu avais le choix aujourd'hui, avec le recul de ces trois dernières années, tu rentrerais en Roumanie ou tu resterais en France ?

Quand on est partis de Roumanie, c'était par obligation, parce qu'on n'avait pas d'avenir dans ce pays, que la maison avait été inondée et qu'il fallait soigner Raluca. À l'époque, si on avait eu le choix, on serait restés chez nous, évidemment, comme tout le monde… Qui choisirait de se déraciner, de se couper de son village et de tout ce qu'il connaît s'il n'y était pas obligé ?

Mais aujourd'hui, ma famille est ici, donc ma vie est ici. Finalement, il n'y pas de travail, pas de maison, ni personne qui nous attend là-bas. Et si Raluca doit un jour guérir, je sais que ce sera grâce à l'opération au cerveau que les médecins d'ici veulent lui faire dans quelques mois. Et puis enfin, si je veux rester en France, c'est parce que je veux que les petits aillent à l'école ici, qu'ils deviennent des adultes autonomes et qu'ils gagnent leur vie. Notre vie à nous, elle est derrière nous, alors c'est pour eux qu'on fait tout ça. On a un ami tsigane dont le fils est allé jusqu'au bac ici, et qui déjà a trouvé un patron, alors évidemment c'est ce que l'on espère pour les nôtres. Une vie normale, avec juste ce qu'il faut pour vivre et être heureux, sans gêner et sans rien devoir à personne.

C'est pour tout ça que je ne retournerai pas en Roumanie, même si c'est dur pour l'instant. Et peut-être qu'avec le temps, à force de travailler et de parler, les gens se rendront compte que l'on est aussi des gens bien, ni plus ni moins que les autres.

IV.

ÉPILOGUE

Huit mois après la fin des entretiens, Robert et Roger, le fils aîné et le gendre de Gabriela, ont décroché un C.D.I. dans une entreprise de nettoyage de bureaux, après être allés passer leur permis de conduire en Roumanie. Son mari Beri cherche encore une activité plus stable que la vente de métal, mais peine à trouver du fait de son faible niveau en français. Leur plus jeune fils, Adi, qui vient de se remarier et va devenir papa, prépare quant à lui son retour en Roumanie. Raluca poursuit son parcours hospitalier en attendant une opération au cerveau visant à réduire ses crises d'épilepsie. Mario vient de faire son entrée en CE2, et Alexandru en petite section de maternelle.

Tous vivent toujours dans le camp de la Flambère, dont la principale entrée a été murée par un voisin qui a installé un portail électrique, à l'entrée du chemin qui donne sur l'impasse de la Flambère. La Ville de Toulouse, locataire du terrain, a cette fois-ci porté plainte contre cette personne, qui affirme que cette voie d'accès lui appartient.

Gabriela et Beri, son mari

SOURCES DOCUMENTAIRES

Les orphelinats sous le régime de Ceausescu et après la chute du régime

- http://www1.rfi.fr/actufr/articles/011/article_4617.asp
- http://www.lemonde.fr/cinema/article/2007/08/27/la-folie-nataliste-de-ceausescu_947967_3476.html

Le régime de Ceausescu

- https://fr.wikipedia.org/wiki/Nicolae_Ceausescu
- http://www.biography.com/people/nicolae-ceausescu-
- http://www.humanite.fr/node/429835
- http://www.persee.fr/doc/xxs_0294-1759_1990_num_25_1_2226

Les fermes sous le régime communiste roumain et le système collectiviste

- https://fr.wikipedia.org/wiki/economiedelaroumanie

Les droits des femmes en Roumanie

- www.womenlobby.org
- http://www.un.org/press/fr/2006/FEM1564.doc.htm
- http://www.inegalites.fr/spip.php?page=article&id_article=1192
- http://www.inegalites.fr/spip.php?page=article&id_article=1143

L'espace Schengen et le droit de libre circulation

- http://www.diplomatie.gouv.fr/fr/dossiers-pays/roumanie/l-union-europeenne-et-la-roumanie/
- http://www.rfi.fr/europe/20151121-controles-systematiques-frontieres-ue-va-changer-terrorisme
- http://www.immigration.interieur.gouv.fr/Europe-et-International/La-circulation-transfrontiere/L-espace-Schengen
- http://www.humanite.fr/schengen-est-mal-en-point-594571
- http://www.lemonde.fr/europe/article/2015/10/22/depassee-par-l-afflux-de-migrants-la-slovenie-sollicite-l-aide-de-l-union-europeenne_4795176_3214.html

Le camp de la Flambère à Toulouse

- Rapport d'activité du CCPS 2014 –
- https://csr31.wordpress.com/les-communautes-dorigine-rom-a-toulouse-en-2012/

Frise chronologique et histoire succincte des Roms et des Tsiganes

- http://romafacts.uni-graz.at/images/stories/frenchpdf/0.0_introduction_french.pdf
- http://www.depechestsiganes.fr/wp-content/uploads/2011/05/une-histoire-pleine-de-larmes.pdf
- http://www.tsiganes-nomades-un-malentendu-europeen.com/index.php?option=com_content&view=article&id=13&Itemid=4
- https://npa2009.org/idees/le-samudaripen-ou-genocide-des-tsiganes-une-histoire-occultee.

Gitans, Manouches, Tsiganes, Roms : divers noms d'un même peuple

- http://www.lemonde.fr/societe/article/2012/10/17/petit-lexique-des-tsiganes-roms-gens-du-voyage_1768945_3224.html#K75yFTg5hUa3irj2.99
- http://www.tsiganes-nomades-un-malentendu-europeen.com/index.php?option=com_content&view=article&id=13&Itemid=4
- Collectif Romeurope ; www.romeurope.org.
- http://www.touteleurope.eu/actualite/les-roms-en-europe.html
- Atlas des Tsiganes, Les Dessous de la question rom, de Samuel Delépine, janvier 2016, Éditions Autrement

L'organisation sociale des Tsiganes

- http://www.hautcourant.com/L-organisation-sociale-des-tsiganes,296
- https://fr.wikipedia.org/wiki/Roms
- Des Tsiganes en Europe - 2011 - Patrick Williams et Michael Stewart
  Éditions de la Maison des sciences de l'homme

BIBLIOGRAPHIE DE L'AUTEUR

Catherine Monnot est docteure en Anthropologie sociale.

Elle est aujourd'hui chargée de mission académique à l'Égalité filles-garçons/femmes-hommes pour le rectorat de Toulouse, et chercheuse associée au LISST-CAS (EHESS-Université Jean Jaurès).

Elle a publié :

- *Petites filles d'aujourd'hui, l'apprentissage de la féminité*, Paris, Autrement, collection Mutations, janvier 2009, réédité et remanié 2013
- *De la harpe au trombone, apprentissage musical et construction du genre*, Rennes, P.U.R., collection Le sens social, 2012

Photos :
Catherine Monnot – Gabriela Cantia Ciausu
Hélène Maire (http://passionphotoetscrap.blogspot.fr)

32270 Aubiet – courriel : contact@editionsleventseleve.com
Site internet : www.editionsleventseleve.com

Traduction du roumain :
Christian Lichiardopol

Documentation
Mary Dievart – Catherine Monnot

Correction
Valérie Villain-Caseau

Conception graphique de la couverture
Stéphane Delgado

Dépôt légal : 1er trimestre 2016
ISBN 979-10-91102-14-8

Imprimé par ICN
98, rue Louis Rabier Z.I des Saligues
64300 Orthez